상의 소 소 한

매듭 풀기

매듭을 푸시는 성모님과
프란치스코 교황님께
이 책을 바칩니다.

일상의 소소한

매듭 풀기

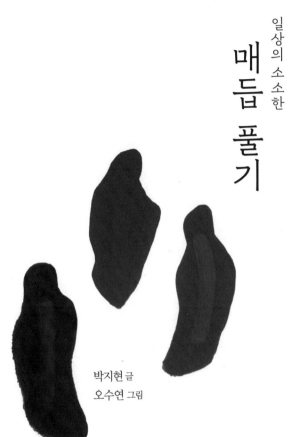

박지현 글
오수연 그림

나들목

네가 무엇이든지 땅에서 매면
하늘에서도 매일 것이고,
네가 무엇이든지 땅에서 풀면
하늘에서도 풀릴 것이다.

(마태 16,19)

목차

제1부 나의 고유성을 회복하다

제2부 관계의 다양성을 존중하다

관계의 치유와 회복 88

인간관계

하느님과의 관계

제3부 가정 안에서 행복한 나로 서다

제1부

나의 고유성을 회복하다

정녕 너 자신으로 행복한 적이 있었더냐?

매듭을 푸시는 성모님께 기도하며 내 삶을 돌아보기 시작한 것은 우연이 아니었다. 40대 초반, 폐와 기관지가 망가져 피를 쏟으며 달려간 병원에서 치료가 어렵다는 진단을 받았다. 돈과 명예와 권력 그리고 사람에 매여 앞만 보고 달려온 시간, 그 모든 것이 한순간에 무너져 내렸다. 지독한 병마, 질긴 매듭이었다. 감당하기 힘든 현실이 버겁고 암담했다. 아침에 눈을 뜨는 것조차 두려운 그때, 귓전에서 울리는 성모님의 목소리가 나를 살렸다.

"세상엔 고치지 못하는 병이 많지만, 성체께 의탁하면 불가능이 없다. 그분은 생명이시다."

그 길로 달려간 병원 성당 감실 앞. 성체가 보이진 않았지만 성체의 힘이 느껴졌다. 이후 세상과 담을 쌓고 성체 앞에서 기도하며 매일 미사를 봉헌했다. 예수님의 살과 피, 성체성혈을 약이라 믿고 꼬박 3년을 기도했다.

'너희는 멈추고 내가 하느님임을 알라.' (시편 46,11)

고통의 한복판에서 나 자신을 보기 시작했다. 밖으로 향한 마음을 거두었다. 모든 행위를 멈추고 성체 앞에 앉으니 비로소 하느님이 보이고 내가 보였다.

40년 신앙이 모래성이었음을 깨달은 것은 그 무렵이었다. 가톨릭 집안에서 태어나 부모님께 신앙을 물려받았지만, 그건 내 의지와 상관없는 일이었다. 그동안 내가 만났던 하느님은 나 자신이 만들어 낸 허상이었던 것이다.

다 망가진 육신으로 찾아 들어간 동네 수도원. 주님과 마주한 그 시간, 나의 첫 기도는 회개였다.

"주님 잘못했습니다. 살려 주십시오. 열심히 사는 것이 사랑이고 희생인 줄 알았습니다."

주님께서 이렇게 응답하셨다.

"너는 착한 딸, 좋은 아내, 훌륭한 엄마, 능력 있는 작가로 열심히 살았다. 나는 네가 이룬 업적과 역할을 묻지 않고 '내 안에서 하루라도 행복한 적이 있었더냐?' 하고 물을 것이다."

'나의 행복'이라니. 뒤통수를 맞은 기분이었다. 그동안 나는 나로서 행복하게 살기를 바라신 주님의 뜻을 외면했던 것이다. 내가 맺어 온 하느님과 가족, 이웃과의 관계가 왜곡되었음을 인식했다. 모든 관계에 애를 썼지만 정작 나는 없었던 것이다. 첫 단추부터 잘못 낀 매듭이었다.

하느님과 나, 나 자신과 나, 가족(이웃)과 나…. 관계의 치유와 회복이 필요했다. 나의 과거가 성체의 빛 안에서 적나라하게 드러났다. 온갖 상처와 잘못된 습관들이 투사되었다. 알몸, 어떤 분칠로도 감출 수 없는 민낯이었다.

마취제 없이 수술 받는 것 같은 고통의 시간. 한 줄기 빛처럼 내게 다가온 기도, 프란치스코 교황께서 즐겨 바친 「매듭을 푸시는 성모님께 드리는 기도」였다. 오랫동안 방치된 내 영혼의 창고에 빛이 스미니 먼지가 자욱했다. 그리고 마침내 나와 집안의 얽히고설킨 매듭이 적나라하게 그 모습을 드러냈다. 매일 성체성혈을 영하고 감실 앞에 머물러 기도하는 것이 일상이 되었다.

안 해 본 기도가 없었다. 너무 아파 누군가의 손을 잡아야 했다. 그때마다 성모님께서 다가와 손을 내미셨고, 함께 예수님을 바라보며 기도했다. 교황님의 지향에 맞게 기도를 바치며, 내가 묶은 매듭부터 풀기로 했다. 정직한 직면, 아팠지만 역동적인 여정이었다.

그 안에서 깨달았다. 하느님께서는 인간을 당신의 모상으로 창조하시어 세상에 내보내셨다. 자기만의 고유한 꽃을 피워 내길 바라시면서. 하지만 나는 그 기대를 저버린 채 본연의 나를 잃고 전혀 엉뚱한 나로 살아온 것이다.

그때 하느님께서 영적 동반자로 내게 보내 주신 분이 가르멜의 성녀, 아기 예수(소화)의 데레사였다. 건강한 자아인식을 통해 하느님과 친밀한 관계를 맺고, 자기 사랑은 물론 이웃 사랑에도 충실했던 성녀께서는 나의 모델링이 되어 주었다. 그녀를 통해 내가 어떤 꽃인지 성찰할 수 있었다.

어릴 적, 친구들이 무슨 꽃을 좋아하냐고 물으면 나는 언제나 장미나 목련처럼 크고 탐스러운 꽃 이름을 대곤 했다. 내가 마치 그 꽃을 닮기라도 한 듯이.

내게 어울리는 꽃이 아닌, 내가 되고 싶어 하는 꽃이 나인 양 거짓말을 해 왔던 거다. 작은 것은 보잘것없다 여기며 큰 존재가 되고자 애썼던 나의 그림자였다.

나를 찾아야 했다. 매듭을 푸시는 성모님께 맨 먼저 봉헌한 것은 내 고유성의 회복이었다. 하느님께서 본래 빚어 주신 나는, 작고 여린 영혼이었다.

소화 데레사와 함께 기도하며, 숨기고 포장한 거짓의 나를 탐색했다. 나의 꽃은 길가에 핀 코스모스였다. 작은 바람에도 쉽게 흔들리면서 상처에 민감한 꽃, 누구나 편하게 다가갈 수 있고 지나가는 이들에게 기쁨을 주는 평범한 꽃, 하지만 결코 뿌리가 뽑히지 않는 강인한 꽃.

내 본래의 모습을 회복하고, 내 안에 잠든 날개를 펼치기 위해 칠죄종(七罪宗)의 뿌리와 나쁜 습관 그리고 감정의 매듭들을 봉헌했다. 내가 묶은 매듭부터 하나씩 풀어 나가는 것, 그것은 커다란 용기였고 기도의 시작이었다.

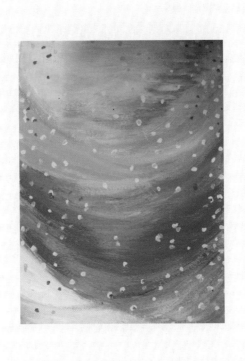

감정의 매듭

걱정

두려움

미움

불안

슬픔

우울

억울함

열등감

원망

절망

짜증

수치심

외로움

걱정

가장 안전한 피신처이신 성모님,
어머니께서는 저희와 다를 바 없이 가정생활을 꾸리며
일상의 근심 걱정을 하느님께 맡겼습니다.

저희는 어머니의 성가정을 본받아 살아가지만
온갖 걱정에 매듭이 묶였습니다.
사소한 걱정은 실패의 두려움을 낳고,
해결할 수 없는 문제들까지 미련을 둡니다.

허약한 이들은 지레 병을 염려하고,
암 환자는 죽음을 두려워하고 걱정합니다.
실직한 가장은 먹고 살 걱정이 크고,
취준생은 취직 걱정에 잠을 설칩니다.

매듭을 푸시는 성모님,
걱정에 사로잡혀 긴장 속에서 살아가는 이들을
해방시켜 주소서.

저희의 심약한 마음을 강건한 믿음의 밭으로 다져 주시고,
평화의 씨앗인 기도의 영으로 감싸 주소서.

매일의 가정사를 하느님께 맡겨 드리며 기도하신 성모님처럼
사탄의 유혹을 잘 극복하게 하소서.

내일을 걱정하지 마라. 내일 걱정은 내일이 할 것이다.
그날 고생은 그날로 충분하다.

(마태 6,34)

아무것도 걱정하지 마십시오.
어떠한 경우에든 감사하는 마음으로 기도하고 간구하며
여러분의 소원을 하느님께 아뢰십시오.

(필리 4,6)

두려움

우리의 온갖 걸림돌을 치워 주시는 성모님,
일상의 크고 작은 일에서 두려움을 느낄 때
저희는 평화의 모후이신 어머니를 부릅니다.

육신에 매인 질병의 두려움.
삶을 소극적으로 만드는 실패와 실수에 대한 두려움.
억압과 착한 사람 콤플렉스를 낳는 거절에 대한 두려움.

사이좋은 관계가 깨질까 봐 두렵고,
일이 내 뜻과 다르게 돌아갈 때 두렵습니다.
생존에 대한 두려움에서 일상의 작은 두려움까지
우리를 묶는 매듭입니다.

죽음에 대한 두려움은
우리의 현재를 근심 걱정으로 묶어 놓고
주님을 향한 '믿음, 희망, 사랑'의 마음을 빼앗아 갑니다.

매듭을 푸시는 성모님,
사랑과 믿음의 결핍인 두려움을 치유하시어
하느님의 귀한 자녀로 당당히 살아가게 하소서.

"용기를 내어라. 나다. 두려워하지 마라."

(마태 14,27)

"두려워하지들 마라.
주님께서 너희를 위해 싸워 주실 터이니,
너희는 잠자코 있기만 하여라."

(탈출 14,13-14 참조)

미움

언제나 사랑으로 덮으시는 성모님,
당신은 예수님을 기르시며
많은 오해와 미움을 받으셨습니다.

당신의 뒤를 따르는 삶의 길 위에서,
매일이 만남의 연속이지만
그 만남이 미움이 될 때
타인은 축복이 아니라 지옥이 되어 버립니다.

미움의 대상은 끝이 없습니다.
부모가 자식을 미워하고, 자식이 부모를 거스르며,
부부와 형제 사이가 멀어집니다.
직장 상사와 동료가 밉고, 자신까지 미워집니다.

잘못과 실수, 시기와 질투로 인한 미움은
상대를 죽이기까지 합니다.

매듭을 푸시는 성모님,
미움의 앙금을 씻어 주소서.
험담에 상처받고 아파하는 영혼들을 위로하시어
강건히 일어서게 하소서.

너희는 내 이름 때문에 모든 사람에게 미움을 받을 것이다.
그러나 너희는 머리카락 하나도 잃지 않을 것이다.
너희는 인내로써 생명을 얻어라.

(루카 21,17-18)

미움은 싸움을 일으키지만
사랑은 모든 허물을 덮어 준다.

(잠언 10,12)

불안

평화의 모후이신 성모님,
어머니께서는 아기 낳을 장소를 찾아 헤매실 때,
폭군 헤로데를 피해 이집트로 피난 가실 때,
사흘 동안 아기 예수님을 잃어버리셨을 때
불안 초조의 감정에 시달리셨습니다.

우리의 심정을 누구보다 잘 아시는 어머니,
눈만 뜨면 끔찍한 사고 소식이 들리고
갑자기 중병을 얻거나 귀한 생명이 꺼져 갑니다.

안전에 대한 불안, 소외에 대한 불안,
실패의 불안, 분리 불안 등
만병의 근원인 불안은 영혼을 잠식합니다.
언제 닥칠지 모르는 불행의 그림자 앞에서
우리는 종종 불안의 풍랑에 휩싸입니다.

매듭을 푸시는 성모님,
불안의 노예가 되어 뒷걸음치는 이들을 구해 주소서.
얽히고설킨 매듭이 되어 독을 뿜어 내는
이 시대의 상처를 싸매 주소서.

갈릴래아 호수의 풍랑 속에서 불안을 잠재워 주신
예수님의 능력을 믿고 기도하게 하소서.

"잠잠해져라. 조용히 하여라." 하시니
바람이 멎고 아주 고요해졌다.

(마르코 4,39)

슬픔

저희를 위해 눈물로 기도하시는 성모님,
당신은 지극한 사랑으로
슬퍼하는 자녀의 눈물을 닦아 주십니다.

부모와 헤어진 아이의 눈물,
사별한 가족에 대한 그리움의 눈물,
가난 때문에 겪는 배고픔의 눈물,
사랑에 버림받은 배신의 눈물,
무엇으로도 채울 수 없는 공허함의 눈물.

이렇듯 슬픔의 상처로 어려움을 겪습니다.
그래서 저희는 새로운 관계를 두려워하며
약해진 마음은 또 다른 슬픔을 불러와
동굴 속으로 들어갑니다.

매듭을 푸시는 성모님,
슬픔의 상처로 고통 받는 이들을 위로하소서.

언제나 변함없이 우리를 비춰 주시는 하느님의 빛으로
슬픔의 옷 벗고 기쁨의 새 옷으로 갈아입게 하소서.

주님 안에서 늘 기뻐하십시오.
거듭 말합니다. 기뻐하십시오.

(필리 4,4)

희망을 가지지 못하는 다른 사람들처럼
슬퍼하지 말라는 것입니다.

(1테살 4, 13)

우울

등대이시며 바다의 별이신 성모님,
당신은 언제나 밝히시는 빛, 비추시는 등불이십니다.

지상 삶의 바닷길에서 거친 파도를 만나거나
어디로 가야 할지 몰라 헤맬 때
저희는 빛이신 성모님을 찾아 간구합니다.

하지만 세상에 내 편이 없는 것 같고
사는 것이 막막하면 그 빛마저 보이지 않습니다.
심신이 약해져 하늘을 올려다 볼 힘도 없습니다.

방문을 잠그고 혼자만의 동굴을 만들며 빛에서 멀어집니다.
자기 탓을 하며 자신을 사랑하지 못합니다.
우울한 마음을 걷잡을 수 없어 자살을 시도하지만
곁엔 아무도 없습니다.

매듭을 푸시는 성모님,
상처와 외로움, 절망감으로 묶인 매듭을 푸시어
우울한 감정에서 벗어나게 하소서.

––––––––––

저를 돌아보시어 자비를 베푸소서.
외롭고 가련한 몸입니다.
제 마음의 곤경을 풀어 주시고,
저를 고난에서 빼내 주소서.

(시편 25,16-17)

억울함

하느님의 뜻을 헤아리며 어려움을 감내하신 성모님,
당신의 삶은 온통 하느님께 이끌리는 여정이었습니다.
인간의 기본적인 욕구마저 하느님께 봉헌하시며
평정을 지키셨습니다.

하지만 인간은 끝없는 욕구의 충족을 부추기며
감정에 휘둘립니다.

상대를 의식하며 할 말을 참을 때
내 뜻이 왜곡되었거나 없는 얘기를 화제로 삼을 때
아이가 부모를 무서워하며 감정을 억누를 때
애써 노력한 일들이 허사가 되었을 때
억울해서 견딜 수가 없습니다.

매듭을 푸시는 성모님,
억울한 감정에 매여 신음하는 이들의 매듭을
풀어 주소서.

악의적인 언행으로 고통을 준 이들을 용서하시고
서로 마음을 풀게 하소서.

"내가 형님들의 아우 요셉입니다.
형님들이 이집트로 팔아넘긴 그 아우입니다.
그러나 이제는 저를 팔아넘겼다고 해서 괴로워하지도,
자신에게 화를 내지도 마십시오.
우리 목숨을 살리시려고 하느님께서는 나를 여러분보다
앞서 보내신 것입니다."

(창세 45,4-5)

열등감

당신의 부족한 자녀를 가슴에 품으시는 성모님,
어머니께서는 성모영보 때의 첫 마음을 간직하시며
매일의 결핍을 하느님에게서 채우셨습니다.

힘없고 가난한 나자렛 가정의 약점을
기꺼이 받아들이셨습니다.
그런데 저희는 결핍과 약점을 부끄러워하며
열등감이라는 이름 뒤로 숨어 버립니다.

자신을 위축시키는 가난과 질병의 상처,
기대에 미치지 못하는 학력과 직업,
실패와 실수, 외모 지상주의, 대인관계의 어려움 등
분노와 질투를 유발하는 그 열등감을 숨기기 위해
짐짓 강한 척 거짓 자아를 만들어 냅니다.

매듭을 푸시는 성모님,
여러 얼굴을 지닌 열등감의 매듭을 풀어 주소서.

자신의 약점에 주눅 든 저희들이 자존감을 회복해서
베드로와 바오로 사도의 약점마저도 복음의 도구로 삼으신
주님의 섭리를 깨닫게 하소서.

나는 그리스도의 힘이 나에게 머무를 수 있도록
더없이 기쁘게 나의 약점을 자랑하렵니다.

(2코린 12,9)

원망

매일의 삶을 축복으로 껴안으신 성모님,
당신께서는 내 뜻과 하늘의 뜻이 다르다며 불평하지 않고
원망 없이 수용하셨습니다.

자기가 선택한 결과인데도
잘 되면 내 탓, 안 되면 남의 탓을 하며
원망하는 저희를 용서하소서.

기대가 무너질 때 영락없이 치미는 원망의 뿌리는
스스로 심고 거둔 나쁜 습관의 결과며 부메랑입니다.
어떤 문제가 생기면 자기를 객관적으로 보지 못하고
부모와 형제, 남편과 아내, 상사와 동료를 원망하며
무책임한 모습을 보입니다.

매듭을 푸시는 성모님,
저희가 만든 원망의 매듭을 풀어 주소서.
교만과 아집, 분노와 공격성을 치유하시어

범사에 감사하는 마음을 심어 주소서.

광야의 모세가 쓴물을 단물로 바꾼 것처럼
긍정적인 마음가짐을 갖게 하소서.

———————

그들 가운데 어떤 자들이 투덜거린 것처럼
여러분은 투덜거리지 마십시오.
그들은 파괴자의 손에 죽었습니다.

(1코린 10,10)

절망

영혼의 문을 기도의 열쇠로 여는 성모님,
우리의 행복을 위해 하느님께서는
수많은 은총을 허락하셨지만
우리는 시련이 닥치면 곧바로 절망합니다.

인내하며 기다리는 마음도,
하늘을 바라보며 희망을 품는 용기도 부족합니다.
더는 앞으로 나아갈 수 없다며
우리는 허망하게 주저앉습니다.

매듭을 푸시는 성모님,
절망하는 우리의 매듭을 풀어 주시고,
태양이신 주님의 빛을 받아
마음속 어둠이 희망으로 부활하게 하소서.

우리는 성체의 태양을 받아
땅의 모습을 새롭게 해야 한다.

(성 베드로 율리아노 예마르 사제)

보이는 것을 희망하는 것은 희망이 아닙니다.
보이는 것을 누가 희망합니까?
우리가 보이지 않는 것을 희망하기에
인내심을 가지고 기다립니다.

(로마 8,24-25)

짜증

언제나 온유하신 성모님,
어머니께서는 순박한 믿음의 눈으로 세상을 바라보시며
보이는 그대로 말없이 품으셨습니다.

각박한 일상 속에서 생활하는 저희는
스스로 깨어 살피지 않으면
평화를 잃고 짜증을 내게 됩니다.
좋은 사람이고 싶은 욕망, 억지로 참아 주는 행위,
남의 십자가까지 떠안는 주제넘음 등이 그렇습니다.

내 안에 사랑이 있으면 사랑을,
내 안에 짜증이 있으면 짜증을 줄 수밖에 없습니다.
내게 있는 것만 남에게 줄 수 있습니다.

사랑이라는 이름으로 남을 가르치려는 무례함도,
맹목적인 일중독도, 체력 관리의 소홀함도,
결국 짜증으로 표출됩니다.

매듭을 푸시는 성모님,
선한 감정을 묶는 짜증의 매듭을 풀어 주소서.
기도 안에서 감정의 움직임을 깨어 살펴
사랑이 흘러나오는 마음의 곳간이 되게 하소서.

무엇보다도 네 마음을 지켜라.
거기에서 생명의 샘이 흘러나온다.
바른 길을 걸어라.
네가 가는 길이 모두 튼튼하리라.

(잠언 4,23.26)

나는 내가 전혀 납득할 수 없는 일이 일어날 때도
미소 지으며 감사드립니다.
많은 일이 나를 억압하고, 어렵고 불쾌한 일들이 닥칠 때
오히려 미소로써 답합니다.

(리지외의 성녀 소화 데레사)

수치심

우리가 어떤 모습이든 있는 그대로 봐주시며
사랑해 주시는 성모님!
당신 앞에서 저희는 영육의 자존감을 회복해 갑니다.

에덴동산에서 아담과 하와는
알몸이면서도 부끄러워하지 않았습니다.
하지만 금한 열매를 따 먹고 눈이 열려 부끄러워하며
나뭇잎 두렁이로 몸을 가렸습니다.

이는 평생 수치심의 뿌리가 되어
인간 본성의 알몸을 감추고 숨기고 포장하려는
욕망으로 변형되었습니다.

어릴 적, 부모와 신뢰 관계를 맺지 못하고
버림받고 학대를 받았거나 성추행과 따돌림 당한 경험
또는 누군가에게 의지하고 싶은 욕구를 무시당한 기억들이
수치심의 창고에 저장되었습니다.

남에게 보여지는 모습에 전전긍긍하며
있는 그대로의 존재가 아닌 좋은 행위와 역할로써
부족함을 감추려는 노력이 고단합니다.

매듭을 푸시는 성모님!
하느님께 죄를 지은 부끄러운 알몸이라 하여,
하느님이 '너 어디 있느냐?' 하고 부르실 때마다
거짓의 옷을 껴입는 이들을 해방시켜 주소서.

———————

기본적인 욕구나 느낌이 수치심에 묶였다는 것은
이미 해로운 수치심으로 변형되어 구실을 못한다는 뜻이다.
이는 당신이 무엇을 원할 때마다
그 욕구를 수치스러워한다는 말이다. (존 브래드쇼)

두려워하지 마라. 네가 부끄러운 일을 당하지 않으리라.
수치스러워하지 마라. 네가 창피를 당하지 않으리라. (이사 54.4)

외로움

언제나 자녀들을 품에 안으시어 함께해 주신 성모님!
아드님의 공생활로 혼자 남겨지신 외로움을
마음 둘 곳이 없는 이웃들을 돌보시며 견디셨습니다.

인간은 혼자이면서도 함께이고,
함께이면서도 혼자인 존재입니다.
살아가면서 수많은 사람을 만나지만
그 인연이 늘 좋을 수만은 없습니다.

뜻하지 않은 악연이 되어 오해와 실망, 배반의 아픔을 겪을 땐
빈 들에 홀로 버려진 것 같은 외로움을 느끼게 됩니다.

설령 함께 있다 해도, 서로 공감 받지 못한 마음이 외롭고,
힘든 일들을 표현할 줄 몰라 외롭습니다.
엄마를 그리워하는 고아들이 외롭고,
홀로 어렵게 생활하는 노인들이,
맞벌이하는 가정의 아이들이,

실직한 가장들의 마음이 외롭습니다.

주님께 새로운 소명을 부여 받고 응답해야 할 때,
아무도 알아주지 않는 길에 대한 외로움을 겪기도 합니다.

매듭을 푸시는 성모님!
세상 어딘가에서 홀로 외로워하며 눈물을 삼키는 이들을
위로해 주소서.
캄캄한 밤, 올리브 동산에서 홀로 기도하시며
죽음의 공포와 대면하신 예수님의 외로움을 기억하게 하소서.

"이렇게 너희는 나와 함께 한 시간도 깨어 있을 수 없더란 말이냐."
(마태 26,40)

"보라, 내가 세상 끝 날까지 언제나 너희와 함께 있겠다."
(마태 28,20)

악습의 매듭

불평

경솔함

과도함

무분별함

이간질

이기심

자기 자랑과 과시

자기합리화

조급함

험담

회피

거절

불평

엉킨 매듭도 술술 푸시는 성모님,
한결같은 사랑에 감사하지 않고
불평불만을 늘어놓는 저희를 용서하소서.

하느님의 종 모세는
이집트 파라오의 손에서 종살이하던 백성들을 구해냈지만
그들로부터 불평과 원망을 들었습니다.

하루하루 필요한 만나를 배고프지 않도록 내려 주시며
구름기둥과 불기둥으로 지켜 주신 하느님의 사랑을
알아보지 못한 저희 역시 그들과 다를 바가 없습니다.

예수님께 치유 받은 열 명의 나병환자 중
단 한 명만이 감사와 찬양을 드렸듯이
은총만 바라며 감사에 부족한 저희입니다.

매듭을 푸시는 성모님,
불평불만으로 가득 찬 저희의 마음을 다독여,
주어진 것에 감사하고
하느님께서 심으신 긍정의 씨앗, 기쁨의 씨앗이
꽃을 피워 감사의 열매가 되게 하소서.

———————

하느님의 은총을 가장 많이 이끌어 내는 것은
감사하는 마음입니다.
우리가 어떤 일에 대해 하느님께 감사드릴 때
하느님께서는 감동되어
서둘러 열 배의 은총을 더해 주십니다.

(성녀 소화 데레사)

경솔함

어질고 슬기로우신 성모님,
언제나 곰곰이 생각하시는 당신의 신중함을 본받게 하소서.

인간의 경솔함은 누구에게나 큰 걸림돌입니다.
판단이 바로 서기 전에 드러낸 말과 행동은
상대의 감정을 상하게 하여 상처를 남깁니다.
경솔한 행동에 반복적으로 걸려 넘어질 경우
자신을 자책하며 마음의 자유를 잃습니다.

매듭을 푸시는 성모님,
바빌론 사절단에게
자기 궁궐의 모든 것을 보여 주며
세상의 부귀영화를 자랑한
히즈키야 임금의 경솔함을 고쳐 주시는 선물을
하느님이 주셨듯이
지혜가 모자라 경솔했던 저희의 언행을 봉헌하오니,
나와 이웃의 실수를 너그럽게 용서하소서.

내 아들아, 신중함과 현명함이
네 눈에서 벗어나지 않도록 하여라.
그것들이 네 영혼에 생명이 되고,
네 목에 아리따움이 되리라.
그러면 너는 안심하고 길을 걸으며
네 발은 어디에도 부딪치지 않으리라.

(잠언 3,21-23)

과도함

저희를 화평의 길로 인도하시는 성모님,
하느님께서는 인간의 약함과 불완전함을 사랑으로 품으시지만,
우리의 욕망이 그 앞을 가로막습니다.

과하면 부족함만 못함을 알면서도
있는 그대로의 모습에 만족하지 못하고
물질과 명예, 사람에 매여 발버둥을 칩니다.

과도한 노동은 머무름과 쉼을 빼앗고,
넘치는 열정은 관계를 해치며 질병을 만듭니다.
지나친 신앙심도
하느님께 인정받고 싶은 자기만족의 욕망입니다.

매듭을 푸시는 성모님,
많은 것을 소유하려는 '조금 더'의 욕심은 매듭이 되었습니다.
약하고 공허해지는 것이 두려워 자신을 채우려는 이들을
도우소서.

부족함과 결핍은 부끄러움이 아니라,
하느님께서 들어오시는 은총의 통로임을 깨달아
자기 그릇에 맞게 분수껏 살게 하소서.

———————

세상이 위대해 보이는 것은 착각, 공상, 거짓에
지나지 않는다는 사실을
말구유에 누워 계신 아기 예수님께 배우도록 하자.

(성 프란치스코 드 살)

어린이는 공로가 많아서가 아니라
그 나약과 가난 때문에
하느님께로부터 모든 것을 받아들일 수 있는
가장 넓은 그릇을 내어 드리게 된다.

(예수아기의 마리 외젠, 「하느님의 사랑이 나와 함께 자랐습니다.」)

무분별함

깊은 기도 안에서 지혜의 물을 길어 올리신 성모님,
당신은 하느님을 향한 희망의 눈길로,
세상의 소음에는 눈을 감으셨습니다.

하늘로 들어 올린 우리의 눈길이 땅으로 떨어지는 순간
세속의 온갖 분주함이 눈앞에 펼쳐집니다.

우리의 버팀목인 성령의 도우심 없이
하느님의 뜻을 제대로 분별하기 어렵고,
상대의 동기를 파악할 수 없습니다.

일의 우선순위를 분별하지 못해 일에 파묻혀 삽니다.
무분별한 습성은 자기와 타인에게 과도한 짐을 지웁니다.

품성이 착하다 하여 다 분별이 있는 것도 아니요,
아무리 선한 행위라도 동기가 불순하면
하느님께서 원하시는 순수한 결실을 맺을 수 없습니다.

매듭을 푸시는 성모님,
적절한 때와 장소, 사람과 상황을 분별하지 못해 그르친 일들을
바로잡아 주소서.
하느님께서 솔로몬에게 주신 지혜와 분별력을
저희에게 주시어 중용의 덕을 갖추게 하소서.

지각 없는 말로 내 뜻을 어둡게 하는 이자는 누구냐?

(욥 38,2)

사랑하는 여러분, 아무 영이나 다 믿지 말고
그 영이 하느님께 속한 것인지 시험해 보십시오.
거짓 예언자들이 세상으로 많이 나갔기 때문입니다.

(1요한 4, 1)

무절제한 말

일상의 작은 매듭도 자상하게 풀어 주시는 성모님,
온갖 좋은 말, 유익한 말, 솔직한 말이 넘쳐나는 세상입니다.
아무리 듣기 좋은 말도 과하면 소음이 되고
실수가 따르기 마련입니다.

많은 말로 나를 증명하며 타인의 사생활을 전하고
사람을 끊임없이 판단합니다.
옳은 것은 옳다 말하고 그른 것은 그르다 말하며
매 순간을 중계하듯이 평가합니다.

무절제한 말은
숨기고 간직해야 할 나와 타인의 모든 것을 들통 내어
돌이킬 수 없는 실수를 남깁니다.

매듭을 푸시는 성모님,
생각 없이 꺼낸 무절제한 말들을 거두어 주소서.
말을 아끼시며 곰곰이 간직하신 성모님의 침묵을 본받아

생각 없이 꺼낸 말들을 거두어 주소서.
말 한 마디의 절제가 이웃 사랑임을 배워 익히게 하소서.

하느님의 첫 번째 언어는 침묵임을 깨달아,
말의 소음에 파묻힌 목자의 휘파람 소리를 알아듣고
고요히 머무르게 하소서.

사람의 혀는 아무도 길들일 수 없습니다.
혀는 쉴 사이 없이 움직이는 악한 것으로, 사람을 죽이는 독이
가득합니다. 우리는 이 혀로 주님이신 아버지를 찬미하기도 하고
또 이 혀로 하느님과 비슷하게 창조된 사람들을
저주하기도 합니다. (야고 3.8-9)

침묵은 영혼을 단순하게 하고 영혼의 줄을 고르게 해서
하느님이 연주하시는 천상 화음을 낼 수 있게 합니다.
(가르멜 삼위일체의 성녀 엘리사벳)

이간질

순수하고 굳은 신앙의 성모님,
아름다운 말로 이웃을 대하신 당신의 삶을 기억합니다.

당신께서는 인간이 만든 죄와 나쁜 관습의 가시를 빼 주시며
창조주인 하느님께 저희를 중재해 주십니다.
그러나 저희는 하느님의 마음을 자주 상하게 합니다.

믿음의 형제자매들이 서로 헐뜯고 이간질하는 죄를
아무 생각 없이 행합니다.
그리고 들은 이야기를 남에게 전하여
실망과 분노를 안겨 줍니다.
사실무근의 소문으로 형제의 명예를 실추시켜
억울한 누명을 쓰게 합니다.

매듭을 푸시는 성모님,
이간질과 중상모략으로 마음이 상한 이들을 치유하소서.
근거 없는 소문에 짓밟힌 자존감을 어루만져 주시고,

이간질로 멀어진 관계를 회복시켜 주소서.

선한 의지로 예수님과 베드로 사이를 중개한 안드레아처럼
서로 이어 주는 사랑의 징검다리가 되게 하소서.

선한 사람은 마음의 선한 곳간에서 선한 것을 내놓고,
악한 자는 악한 곳간에서 악한 것을 내놓는다.
마음에서 넘치는 것을 입으로 말하는 것이다.

(루카 6,45)

이기심

언제나 이웃과 더불어 지내시는 성모님,
어머니께서는 예수님의 제자와 여인들을
가족처럼 살피셨습니다.

'빨리 가고 싶으면 혼자 가고, 멀리 가고 싶으면 함께 가라.'
지금 이 시대에 필요한 인디언 속담입니다.

받기만 하고 주는 것에는 인색한 이기적인 세상,
독거노인이 외롭게 죽어 가고
가난한 이들이 홀로 서럽습니다.

처지는 자녀는 부모 형제에게 외면당하고,
부족한 사람은 공동체에 설 자리가 없습니다.
내 한 몸 편하면 그만,
남이야 어떻든 중요하지 않습니다.

매듭을 푸시는 성모님,
개인주의와 이기심으로 뒤엉킨 매듭을 푸시어
나만의 가족, 나만의 직장, 나만의 세상이 아닌
관심을 갖고 돕는 이웃이 되게 하소서.

혼자보다는 둘이 나으니,
그들이 넘어지면 하나가 다른 하나를 일으켜 준다.
또한 둘이 함께 누우면 따뜻해지지만
외톨이는 어떻게 따뜻해질 수 있으랴.
(코헬렛 4,9-12)

자기 자랑과 과시

당신 눈동자처럼 나를 보살펴 주시는 성모님,
당신의 삶은 언제나 침묵과 숨김의 길이었습니다.

성모님께서는 카나 혼인 잔치에서 주님께 아뢰어
기적의 때를 앞당기셨지만
정작 자신을 드러내지 않으셨습니다.

하느님께서는 저희에게 은총을 주시지만
우리는 그 은총을 잘 간직하지 않습니다.
감사와 겸손의 거름이 되지 못하고
자기를 과시하며 특별해지고 싶은 욕망을 표출하곤 합니다.

끊임없이 자기를 증명하며 업적과 성취에 집착합니다.
그것은 열등감을 감추려는 자기 포장입니다.

매듭을 푸시는 성모님,
자기 자랑(과시)의 족쇄에서 저희를 풀어 주소서.

은사와 은총이 사탄의 먹이가 되지 않게 지켜 주시고,
하느님께 영광이 되는 겸손의 보화가 되게 하소서.

여러분은 믿음을 통하여 은총으로 구원을 받았습니다.
이는 여러분에게서 나온 것이 아니라 하느님의 선물입니다.
인간의 행위에서 나온 것이 아니니
아무도 자기 자랑을 할 수 없습니다.

(에페 2,8-9)

자기합리화

마음을 늘 주님께 열어 놓으신 성모님,
그런 당신께 응답의 의미는 하느님께 마음을 여는 것입니다.

저희에게 응답은
각박함 속에서 들려 온 목자의 휘파람을 알아듣고
하늘을 바라볼 용기를 내는 것입니다.

하지만 저희는 애써 못 들은 척 외면하며
즈카르야처럼 반응합니다.

"저는 늙은이고 제 아내도 나이가 많습니다."
"내가 아니라도 누군가는 하겠지요."
"봉사할 자격이 안 돼서 도저히 못하겠습니다."
"원칙을 지키기 위해 어쩔 수 없었어요."

매듭을 푸시는 성모님,
자기 합리화의 오류에 빠진 저희를 바로잡아

진실한 마음으로 하느님과 이웃을 만나게 하소서.

"나는 하느님을 모시는 가브리엘인데,
너에게 이야기하여 이 기쁜 소식을 전하라고 파견되었다.
보라, 때가 되면 이루어질 내 말을 믿지 않았으니,
이 일이 일어나는 날까지
너는 벙어리가 되어 말을 못하게 될 것이다."

(루카 1,19-20)

조급함

기다림의 모범이신 성모님,
하늘 아래 모든 일에는 때가 있듯이
하느님께서는 모든 것을 제때에 아름답도록 만드시어
인간의 마음속에 시간 의식을 심어 주셨습니다. (코헬렛 3,1~11 참조)

나설 때와 물러설 때를 분별하지 못하는 조급함이
하느님의 때를 기다리지 못하게 합니다.
더 빨리 하라고 재촉하는 세상의 목소리에 압도당하여
쫓기듯이 따라갑니다.

카나의 혼인 잔치에서 성모님은
"그가 시키는 대로 하여라."고 이르시며
아직 오지 않은 그분의 때를 기다렸습니다.

매듭을 푸시는 성모님,
조급함과 서두름을 조장하는
사탄의 유혹을 물리쳐 주소서.

하느님의 시간과 우리의 시간이 다름을 일깨우시어
하느님의 크신 시간의 안배 안에서 자유로워지게 하소서.

하늘 아래 모든 것에는 시기가 있고,
모든 일에는 때가 있다.
그러니 일하는 사람에게
그 애쓴 보람이 무엇이겠는가?'
(코헬렛 3,1-11 참조)

험담

저희를 사랑으로 기르시는 성모님,
당신께서는 항상 친절과 예의로 이웃을 사랑하셨습니다.
어머니의 그 모습을 본받고 싶지만
무절제한 험담이 난무하는 세상입니다.

남의 잘못을 화제 삼아 거론하며
시기 질투의 죄를 짓는 모습이 허다합니다.
험담은 말하는 사람, 듣는 사람, 당하는 사람 모두에게
상처를 줍니다.
앉기만 하면 남의 말을 꺼냅니다.
아예 습관이 되어 버렸습니다.

매듭을 푸시는 성모님,
험담이 습관처럼 굳어진 이들을 고쳐 주시고,
이웃을 나보다 낮게 여기며
상대를 존중하게 하소서.

아름답고 긍정적인 언어로
상처 받은 마음을 싸매 주시고
너그러운 마음으로 상대의 허물을 품게 하소서.

뒷담화만 하지 않아도 성인이 됩니다.

(프란치스코 교황)

좋든 나쁘든 그 자리에 없는 형제를 거론하는 것은,
그에게 해명할 기회조차 주지 않는 명예 손상의 죄입니다.

(성 프란치스코)

회피

어려울 때마다 저희를 도우시는 성모님,
어머니께서는 가난한 나자렛 공동체에서
매 순간 어려움에 직면하셨습니다.

저희의 현실도 그렇습니다.
가정과 직장 그리고 일상의 많은 도전 속에서
현실을 정직하게 대면할 힘이 부족합니다.

문제의 원인을 남의 탓으로 돌리며 회피함으로써
자신을 정당화합니다.
'나 하나 참으면 되지!' 하며
대책 없이 묻어둡니다.

매듭을 푸시는 성모님,
그때그때 해결하지 못한 갈등을 풀어 주시고
단절된 관계를 회복시켜 주소서.
약하고 힘없는 시골 처녀지만

현실을 회피하지 않고 받아들인
성모님의 용기를 닮고 싶습니다.

———————

"보십시오, 저는 주님의 종입니다.
말씀하신 대로 저에게 이루어지길 바랍니다."

(루카 1,38)

거절

있는 그대로의 저희 모습을 품어 주신 성모님,
하느님의 선물인 인간의 자유의지가
그 품위를 잃어 가고 있습니다.

아담과 하와에게 보이신 자유의지의 존중이
세상의 지나친 기대로 퇴색되어 갑니다.
부모의 말을 거절하면 버릇없는 자녀가 되고,
스승의 뜻을 거부하면 건방진 제자가 됩니다.

인간은 누구나 거절할 권리가 있습니다.
건강하게 거절할 줄 아는 사람은
거절을 당해도 상처 받지 않습니다.

하지만 착하고 좋은 사람이고 싶은 욕망 때문에
거절하지 못합니다.
능력을 인정받고 싶어서
지나칠 정도로 남의 요구에 맞춥니다.

내 시간과 능력에 대한 선택권을 남에게 양도하고,
남의 기대와 요구에 휘둘립니다.

매듭을 푸시는 성모님,
매사에 거절하지 못하는 버거운 짐을 진 저희를 위로하시고
용기 있게 거절할 힘을 키워 주소서.
자기의 한계를 겸허히 인정하며
부끄러워하지 않겠나이다.

───────────────

너희는 말할 때에 '예.' 할 것은 '예.' 하고
'아니요.' 할 것은 '아니요.'라고만 하여라.
그 이상의 것은 악에서 나오는 것이다.

(마태 5,37)

칠죄종의 매듭

교만

분노

탐욕

나태

인색

질투

음욕

교만

겸손의 모범이신 성모님,
나약한 저희는 하느님의 도우심이 필요함에도
세속의 풍요와 인간적인 능력에 기대어 살아갑니다.

일상 안에 숨은 하느님의 뜻을 외면한 채
서둘러 행한 인간적인 방법으로
많은 일들이 꼬이고 엉켰습니다.
마치 하느님이라도 된 듯 상황을 좌지우지하고
가족과 이웃을 내 뜻에 맞게 조종합니다.

매듭을 푸시는 성모님,
모든 죄의 뿌리인 교만의 매듭을 풀어 주소서.
자기 한계를 인정하지 못하고 하느님의 영역을 침범한
아담과 하와의 교만을 어머니의 겸손으로 풀어 주소서.

나와 타인을 있는 그대로 볼 줄 아는 겸손의 덕으로,
내 안의 들보를 먼저 보게 하소서.

그분께서는 당신 팔로 권능을 떨치시어
마음속 생각이 교만한 자들을 흩으셨습니다.
(루카 1,51)

하느님은 진실이시고 겸손이 바로 그 진실이다.
우리의 한계를 인식하고 그 진실 속에 사는 것,
곧 겸손은 한계를 지닌 다른 이들을 정직하게 대하며
존중하는 것이다.
(아빌라의 성녀 예수의 데레사)

분노

항상 마음의 평정을 지키며 기도하신 성모님,
참을성이 부족하여 드러낸 분노와 화가
관계에 매듭을 묶었습니다.

타인에게 무시를 당하거나,
억울한 누명을 쓰거나,
갑자기 큰 병에 걸리거나,
자기 공로를 알아주지 않을 때
자애심에 상처를 입고 분노합니다.

주님은 언제나 좋은 것만 주시지만
마음 밭에 분노의 씨앗이 있거나 삭이지 못한 분노가 있다면
그 좋은 것은 지옥에 갇히고 맙니다.

매듭을 푸시는 성모님,
저희의 나약함을 가련히 보시어
분노로 얽힌 매듭을 풀어 주소서.

갈등의 원인을 자기 내면에서 찾아 다스리며
온유와 인내로 참아 견디게 하소서.

여러분을 박해하는 자를 저주하지 말고 축복하십시오.
모든 사람과 평화로이 지내십시오.
스스로 복수할 생각을 하지 말고 하느님의 진노에 맡기십시오.
그대가 숯불을 그의 머리에 놓는 셈입니다.

(로마 12,14-20)

분노에 더딘 이는 매우 슬기로운 사람이지만
성을 잘 내는 자는 제 미련함만 드러낸다.

(잠언 14,29)

탐욕

한 올 한 올 엉킨 실을 푸시는 성모님,
하느님과 이웃에게 나를 내어놓지 못하고
불행하게 살아가는 이들을 살펴 주소서.

우리는 모두 하느님에게서 나와 하느님을 위해 살다
하느님께로 돌아가야 할 자녀들입니다.

예수님은 "나는 양이 드나드는 문이다."라고 하시며
누구나 걸림 없이 드나들도록 마음까지 텅 비우셨습니다.

하지만 저희는 두 벌의 옷, 두 켤레의 신발이 있어도
없는 이의 빈손을 채우기보다
한 개를 더 채우지 못해 안달합니다.
일과 사람에 대한 욕심은 족쇄가 되었습니다.

매듭을 푸시는 성모님,
탐욕의 죄가 남긴 매듭을 풀어 주소서.

만물의 주인이신 하느님과 화해하고,
"거저 받았으니, 거저 주어라." 하신 복음을 살아내게 하소서.
잠시 빌려 쓴 세상을 다시 하느님께 돌려드릴 때
사랑과 나눔의 열매로 응답하게 하소서.

"행복하여라, 마음이 가난한 사람들!
하늘나라가 그들의 것이다."

(마태 5,3)

"아무도 두 주인을 섬길 수 없다.
너희는 하느님과 재물을 함께 섬길 수 없다."

(마태 6,24 참조)

나태

행복을 가로막는 것들을 치우시는 성모님,
어머니께서는 늘 깨어 일하시며
기도생활과 가정생활에 충실하셨습니다.

매일의 생활에서 중요한 일은 많이 하면서도
내 앞에 주어진 일상의 작은 일엔 소홀합니다.

안부 전화를 미루다 오해를 사고
벗어 놓은 양말을 치우지 않아 말다툼을 벌입니다.
오늘 해야 할 일을 내일로 미루다
가족이나 타인에게 피해를 줍니다.

내가 좋아하는 것엔 기쁘게 몰입하지만
꼭 해야 할 의무에는 나태합니다.

매듭을 푸시는 성모님,
근심의 뿌리인 나태에서 벗어나

다섯 달란트를 열 달란트로 불린
착한 종의 모습으로 성실히 살게 하소서.

'잘하였다. 착하고 성실한 종아!
네가 작은 일에 성실하였으니,
이제 내가 너에게 많은 일을 맡기겠다.
와서 네 주인과 함께 기쁨을 나누어라.'
(마태 25,21)

안일과 기도는 서로 양립할 수 없습니다.
(아빌라의 성녀 예수의 데레사 「완덕의 길」)

인색

봉헌의 삶이 일상이신 성모님,
어머니께 인색의 뿌리를 봉헌하오니,
하느님의 은총과 예수님의 희생,
성령의 뜨거운 불로 녹여 주시어
자비의 삶으로 변모시켜 주소서.

하느님께 돌려드려야 할 봉헌 제물을
자기의 것인 양 낭비해 왔습니다.
모든 것이 다 하느님께 받은 것인데,
자기 안위만을 위해 소유했습니다.

여분의 시간과 좋은 능력 역시 내놓지 못합니다.
물질에 집착하며 아등바등 애쓰다 보니
내 행복을 누릴 수 없습니다.

가족과 이웃에게 베푸는 것에는 관대하면서
자기에게 베푸는 것은 아까워합니다.

자기를 소홀히 여기며 사랑하지 못한 까닭입니다.

매듭을 푸시는 성모님,
인색의 악습에서 벗어나
자기의 소유를 자선과 봉헌의 제물로 바쳐
약속된 복을 받아 누린 토빗처럼
행복을 누리게 하소서.

───────────

금을 쌓아 두는 것보다 자선을 베푸는 것이 낫다.
자선은 사람을 죽음에서 구해 주고
모든 죄를 깨끗이 없애 준다.

(토빗 12,8-9)

시기와 질투

누구나 공평히 사랑하신 성모님,
열 손가락 깨물어 아프지 않은 손가락이 없듯이
하느님 자녀는 소중하지 않은 이가 없습니다.
하느님의 모습을 간직한 인간은 존귀하지만,
자기와 타인의 고유성을 있는 그대로 존중하기가 어렵습니다.

하느님께서 주신 은사와 은총이 다르고
저마다 받은 것이 다름을 알지만,
내가 가진 것보다 남이 가진 것을 탐내며
시기하고 질투합니다.

남이 칭찬 받는 것이 눈에 거슬리고,
남이 자기보다 주목 받으면 끌어내리려 합니다.
열등감과 우월감 사이에서
교만의 죄를 짓기도 합니다.

매듭을 푸시는 성모님,
하느님께서 베푸신 나와 타인의 좋은 것을 보지 못하고
시기 질투의 영에 매인 감정의 독을 씻어 주소서.

형이 동생을 질투하여 죽인
카인과 아벨의 관계를 치유하시어
하느님께서 고루 베푸신 선물에 감사하게 하소서.

———————

평온한 마음은 몸의 생명이고,
질투는 뼈의 염증이다.

(잠언 14,30)

음욕

하느님만을 바라보며 정결의 덕을 꽃피우신 성모님,
세속의 온갖 쾌락을 하느님이 아닌
피조물에서 충족하려는 가련한 자녀들을 기억하소서.

한순간의 잘못된 선택으로 성가정의 탑이 무너지고
마음 둘 곳 없는 자녀들은 밖에서 방황합니다.

음란한 매체물이 넘쳐나는 세상에서,
하느님의 기쁜 소식은 빛을 잃어 가고 있습니다.

매듭을 푸시는 성모님,
세상이 채울 수 없는 만족에 매여
방황하는 이들을 보호하소서.
다윗과 마리아 막달레나의 간음죄를 덮어 주신 하느님의 자비로
정결의 덕을 키워 주소서.

우슬초로 제 죄를 없애 주소서. 제가 깨끗해지리이다.
저를 씻어 주소서. 눈보다 더 희어지리이다.

(시편 51,9)

제2부

관계의 다양성을 존중하다

관계의 치유와 회복

자아인식의 빛은 나 자신의 발견과 인간관계의 본질을 일깨우며, 관계가 곧 생명임을 깨닫게 했다. 이스라엘 성지 순례에서 내가 만난 예수님은 신성이 아닌 인성을 지닌 분이셨다.

예수님이 왜 마구간에서 돌봄이 필요한 아기로 태어나셨는지, 하느님의 아들이면서 왜 매를 맞고 감옥에 갇히셨는지 공감되었다. 인간이신 예수님 역시 우리처럼 실패하고 상처받은 약한 존재임을 암시했던 것이다.

「마르코 복음」 안에서 예수님과 베드로의 관계를 새롭게 발견했다. 예수님이 넘어진 자를 어떻게 대하고, 또 나에겐 어떤 분으로 다가오시는지 구체적으로 체험한 시간이었다.

십자가의 길, 제9처. "예수님께서 세 번째 넘어지심을 묵상합시다."

세 번 넘어진 나, 세 번 배반한 베드로, 세 번 넘어지신 예수님.
예루살렘의 주님 무덤에서 나는 '과도한 자기 단죄'와 '인색한 자기 용서'를 목도했다. 정작 내가 용서해야 할 대상은 타인이 아니라 바로 나 자신이었던 것이다. 한두 번 넘어지면 툭툭 털고 일어서지만, 세 번째 넘어지면 그 자리에 주저앉아 망연히 하늘을 바라보게 된다. 똑같은 악습으로 여러 번 넘어지는 나와 타인을 용서하는 것은 그래서 쉽지 않다.

갈릴래아 호수에서 재회한 예수님과 베드로. 배신자의 죄책감과 수치심을 치유한 관계 회복의 자리였다. 나와 예수님의 관계가 절로 투사되었다. 나에게 관계성이란, 서로 실망시키지 않고 좋은 모습만 보여 주며 지켜내야 하는 것이었다. 오해와 갈등이 생기면 내 불찰이라 여기며 실패한 관계로 단정 짓곤 했다.

내 안에 유다가 있고 베드로의 죄가 쌓이고 있음을 몰랐던 그때, 비로소 나를 용서하고 껴안았다.

"그래, 실패해도 괜찮아. 넘어질 수도 있어. 너는 언제나 소중한 존재니까!"

예수님도 세 번 넘어지셨고, 세 번 일어나셨다. 넘어진 자의 마음을 누구보다 잘 공감하는 분이다. 넘어짐을 견디지 못한 유다는 절망했고, 베드로는 희망했다. 그 일어섬은 자책과 수치의 감정을 뛰어넘은 용기였다. 누구나 일어서기만 하면 부활의 길로 들어설 수 있다. 관계의 치유와 회복 역시 부활의 여정인 것이다.

갈릴래아 호수에서 만난 예수님은 신성을 지녔음에도 상처 입고 버림받은 인성이었다. 베드로 역시 공동체의 수장이 아니라 나약한 인간인 시몬 바르요나였다. 칭찬 받는 모범생이 아니어도, 모든 이에게 좋은 사람이 아니어도 충분히 괜찮은 관계, 예수님과 베드로는 그런 관계였다.

주님은 갈대처럼 흔들린 베드로에게 땅의 매듭을 풀고, 천상의 매듭을 엮는 열쇠를 쥐어 주시며, "내 양들을 잘 돌보아라." 하셨다. 베드로의 약함과 결함이 세상의 어두움을 비추는 빛이 된 것이다. 자기 한계를 제대로 인식한 베드로는, 자기의 힘을 믿지 않고 성령께 의탁하는 교회의 반석이 되었다.

진정한 관계의 원형은 자신과 타인의 한계를 인정하는 용기에서 시작된다. 이러한 자아 인식을 통해 자기 한계와 무력함을 체험한 또 한 분의 성인이 바로 맨발 가르멜 수도회 십자가의 성 요한이다. 엄격한 금욕주의자였던 그가 인간에 대한 공감과 연민을 지닌 사랑의 성인이 되기까지 정화의 시간이 필요했다.

그는 으깨어지고 으스러졌다. 이 암흑의 구렁에서 일어나지 못하고 홀로 철저하게, 홀로 번민하며 괴롭고 쓰라린 영혼의 맨 밑바닥에서 터져 나오는 울부짖음을 토하곤 했다. 모든 일이 허사로 돌아갔다. 그런데 이런 번민에다 뜻밖의 욕정과 갖가지 욕망이 무섭게 치오르는 것이 아닌가? 자기 안에 있으리라고 전혀 상상도 못했던 것들, 이미 오래전에 스스로 억눌러 없애 버렸다고 생각한 것들이었다. 그 욕망들이 의식 속에 거듭거듭 되살아나는 것이었다.

십자가의 성 요한은 이런 자기를 돌이켜보면서 괴로워했다. 그가 견뎌내야 하는 혹독한 시련이었다. 그러던 어느 날, 최악의 상태에서 벗어날 수 있었다. 그는 재기했던 것이다. 신앙의 삶이 새로운 단계로 접어들게 되었다. 그는 살아남았고 더구나 성숙하고 있었다. 그의 체험은 영혼이 하느님께로 나아가면서 겪어야 하는 캄캄한 밤을 묘사하는 기본적인 양식이 되었다.

- 리차드 P. 하디, 「無에의 추구, 십자가의 성 요한의 생애」

동료 수사들에 의해 빛 하나 들어오지 않는 톨레도 수도원 독방에 감금된 그는 가장 비참한 자기 밑바닥에서 하느님의 사랑을 만난다. 그리고 자기 영성의 핵심인 나는 아무것도 아닌 무(無)고 하느님만이 전부이심을 고백하게 된다.

베드로와 십자가의 성 요한, 두 분은 내게 건강한 자아 인식이 하느님과 인간관계에 어떤 영향을 끼치는지 반증해 주었다. 내 부서진 과거가 마음이 부서진 양들을 공감하고 돌볼 수 있는 빛이 되기를 기도한다. 관계가 생명이듯 기도 역시 매듭을 푸는 생명력이 있기에 말이다.

인간관계

오해
단죄
무관심
무심함
배반
보복
불목
불친절
선입견
섭섭함
완고함
우유부단함
폭언
완벽주의

오해

매듭을 구체적으로 푸시는 성모님,
오해로 인한 미움과 불목의 상처를 봉헌합니다.
자기도 모르게 심은 오해의 씨앗이
눈뜬 소경이 되게 하여
주관적인 편견에 사로잡힙니다.

눈에 보이는 것이 전부라고 생각하거나,
눈에 보이지 않는 이면의 것들을 바라볼 힘이 없습니다.

오해를 하는 사람도 오해를 받는 사람도
감당해야 할 마음의 짐은 똑같습니다.
또 오해는 거짓을 진실로, 진실을 거짓으로 받아들여
바른 판단을 가로막습니다.

마음을 터놓고 대화를 나누면 금세 풀릴 일도
미뤄 놓으면 앙금이 쌓입니다.

매듭을 푸시는 성모님,
거짓 진실의 결과인 오해의 매듭을 풀어 주소서.
문제의 원인이 된 잘못과 생각을 바로잡아 주시고,
진리이신 하느님의 빛으로 그 불씨를 꺼 주소서.

온갖 오해와 억측 중에도 신앙을 지킨 예언자들처럼
저희 역시 믿음의 힘으로 감내하게 하소서.

———————

너희가 성경도 모르고 하느님의 능력도 모르니까
그렇게 잘못 생각하는 것이다.
(마태 22,29)

단죄

한결같은 사랑으로 이끌어 주시는 성모님,
예수님께서는 언제나 당신을 존중하시며 지지해 주신
어머니의 사랑 속에 사셨습니다.

조건 없는 사랑이 세상으로 흘러넘쳐
수많은 죄인이 치유 받고 구원되었습니다.
예수님께서는 그 깊은 사랑으로
자신을 팔아넘긴 유다와 세 번이나 배반한 베드로,
일곱 마귀에 매인 마리아 막달레나를
어떤 단죄도 없이 용서하셨습니다.

세상은 그렇지 않습니다.
너무나 쉽게 단죄하며 남에게 삿대질을 합니다.
예수님조차 문제 삼지 않은 잘못과 실패를
서둘러 판단하며 넘어진 자를 또 넘어뜨립니다.

예수님은 군중의 단죄로 죽으셨고,
유다는 자기 단죄로 목숨을 끊었습니다.

매듭을 푸시는 성모님,
인간의 어설픈 단죄가 교만이 되었습니다.
단죄는 오직 하느님의 몫이기에
시선을 늘 자기에게 두게 하소서.

지혜는 사랑과 침묵과 제욕으로 들어온다.
침묵하는 것,
남의 말과 행위와 생활을 보지 않을 줄 아는 것은
커다란 지혜다.
(십자가의 성 요한, 「사랑에 대하여」)

무관심

지상의 자녀를 가슴에 품고 기도하시는 성모님,
당신의 아기를 모세의 율법에 따라
예루살렘 성전에 봉헌하신 그날을 기억하며
작은 초를 밝힙니다.

근심하는 이들의 마음을 밝혀 줄 생명의 빛
가난하고 억울한 이들의 상처가 낫는 회복의 빛
성서 속, 부자와 나자로가 함께 걸어가는
일치의 빛입니다.

"어둠은 빛을 이길 수 없다." 했거늘
세상은 아직도 무관심으로 가득 차 있습니다.

공감이 타인의 고통을 느끼는 것이라면,
관심은 그 고통을 같이 겪으며 돕는 것입니다.

매듭을 푸시는 성모님,
세상의 무관심으로 상처 받은 이들의 매듭을 풀어 주소서.
내 형제와 이웃의 도움을 외면하며
그들의 외로움을 헤아리지 못한 냉정함을
기워 갚게 하소서.

당신의 아기마저 세상의 동반자로 건네신 주님봉헌축일.
저희의 무관심을 정화하시어
따뜻한 이웃으로 살게 하소서.

"우리가 피리를 불어 주어도 너희는 춤추지 않고,
우리가 곡을 하여도 너희는 울지 않았다."

(루카 7,32)

무심함

어머니의 섬세함으로 얽힌 마음을 푸시는 성모님,
주님께서는 "너희 아버지께서 자비하신 것처럼
너희도 자비로운 사람이 되어라." 하셨는데,
넘어져 낙담한 이에게
자비의 말 한마디 건네기가 어렵습니다.

강도의 습격을 받고 쓰러진 나그네를 모두 외면했지만,
착한 사마리아 사람만이 다가와 위로하고 돌봤습니다.
그가 내 자식 내 부모였다면
그가 가난한 고아였다면
그가 나였다면
그가 고통당하는 예수였다면
무심한 표정으로 지나칠 수 있었을까요?

행인이 폭행을 당하거나 연약한 노인이 쓰러져도
불이익을 당할 수 있는 참견이라 여기며 지나쳐 버립니다.
외롭고 슬프고 분노하는 이들의 무너진 마음에도 침묵합니다.

매듭을 푸시는 성모님,
저희의 무심함을 용서하시어
나자로의 죽음을 보시고 눈물을 쏟으신 예수님의 연민이
나와 이웃의 삶 안에 흘러넘치게 하소서.

말이나 눈길, 마음 한 자락
사랑으로 건네는 선한 그리스도인으로서
오천 명을 먹이신 측은지심의 기적을 이루게 하소서.

———————

예수님께서는 가엾은 마음이 드셨다.
목자 없는 양들 같았기 때문이다.
사람들은 모두 배불리 먹었다.
(마르코 6,34-42 참조)

배반

언제나 변함없는 사랑으로 저희를 지켜 주시는 성모님,
각박한 세상에 지친 이들이
주님의 위로에 마음을 열기보다
나약한 인간에게서 위로를 받으려 합니다.

인간적인 기대와 신뢰가 무너지면
지울 수 없는 배반의 상처가 되어
큰 고통을 겪습니다.

부모에게, 자식에게, 형제에게,
친구에게, 애인에게,
그리고 신앙공동체의 믿는 이에게 느낀 배반의 감정은
과거의 좋은 기억마저 왜곡시킵니다.

또 자기가 베푼 마음이 억울하게 느껴지면서
상대가 베푼 호의와 사랑은 잊어버리게 됩니다.

매듭을 푸시는 성모님,
인간적인 실망감으로 서로를 등지게 한 배반의 매듭을
풀어 주소서.
받은 것은 바위에 새기고 베푼 것은 모래에 새기며
좋은 것만 기억하게 하소서.

인간은 누구나 변할 수 있는 나약한 존재임을 인정하며,
끝까지 배반 당하고도 품으신 예수님의 관용을 닮게 하소서.

모든 것은 다 지나가는 것,
하느님만이 불변하시니….
(아빌라의 성녀 예수의 데레사, 「아무것도 너를」)

보복

자녀의 허물을 기억하지 않으시는 성모님,
어머니께서는 저희가 죄를 짓거나 잘못을 할 때마다
서둘러 망토 안에 숨기시며 악마로부터 지켜 주십니다.

그 덮으심의 마음은
매일의 생활을 반성할 때마다 큰 힘이 됩니다.
덮고 덮으시는 어머니의 사랑에도 불구하고
이웃의 잘못을 낱낱이 기억하여 성내고 미워합니다.

상대가 베푼 사랑과 선의는 잊고
잘못한 일들만 들추어 똑같이 갚아 주고픈 유혹에 빠집니다.

매듭을 푸시는 성모님,
상대가 한 만큼 보복하려는 마음의 얽힘을 풀어 주소서.
실망과 배신을 잊지 못해 병이 되고 앙금이 남았다면
예수님의 성혈로 치유해 주소서.

예수님께서 베드로에게 맡긴 열쇠로
닫힌 마음을 열어 어머니의 망토로 감싸 안아 주소서.

아무에게도 악을 악으로 갚지 말고
모든 사람에게 좋은 일을 해 줄 뜻을 품으십시오.

(로마 12,17)

불목

형제간의 우애와 화평을 기꺼워하시는 성모님,
어머니께서는 기도의 날개 안으로 저희를 모으시어
함께 살아가기를 바라십니다.

예수님께서는 나자렛에서 가족과 함께 사는 법을 배우셨고,
공생활 중에는 제자들과 함께 지내며
공동체성과 관계의 소중함을 가르치셨습니다.

하느님의 아들이며 불가능이 없으신 예수님께서도
사람들과 어울리며 본보기를 보이셨습니다.
그 길로 부르심 받은 저희입니다.

하지만 생각이 다르고
문제를 해결하는 방식도 다르기에
일치를 이루는 것이 어렵습니다.

매듭을 푸시는 성모님,
서로 불목했던 마음의 매듭을 푸시어
관계의 치유와 화합이 이뤄지게 하소서.

불목의 벽을 쌓아 올린 교만의 죄를
스스로 죄인이 되신 주님의 겸손으로 흩어 주소서.

───────────

화가 나더라도 죄는 짓지 마십시오.
해가 질 때까지 노여움을 품고 있지 마십시오.
(에페 4,26)

불친절

언제나 희망의 길로 인도해 주시는 성모님,
당신께서는 친절한 모습으로
그리스도인의 품성을 가르쳐 주십니다.

그 본보기를 따르려 애쓰는 저희입니다.
그런데 타인을 귀히 여기고 존중하는 태도가 부족합니다.
사람을 차별하면서 편하고 좋은 사람하고만 소통합니다.

자기에게 유익하지 않다 생각되면 불친절하게 대하고
무시와 경멸의 죄를 짓기도 합니다.

매듭을 푸시는 성모님,
불친절한 모습으로 관계를 해친 저희를 용서하소서.
상대가 상처 받는 줄도 모르고 함부로 대한
나쁜 습관을 비추시어
그들의 상한 마음을 치유해 주소서.

부러진 갈대를 꺾지 않고, 연기 나는 심지를 끄지 않은
예수님의 호의와 친절이 저희에게 지펴지기를 빕니다.

———————

상대방을 진정으로 중요하게 여기는 습관을 기르십시오.
이는 상대방을 소중히 여기며,
그가 살아가고 스스로 생각하며
행복할 권리를 인정하는 것을 의미합니다.
(프란치스코 교황 권고, 「사랑의 기쁨」 138항)

선입견

세상 누구든 당신의 자녀로 삼으신 성모님,
어머니께서는 하느님의 모상인 저희가
보시기 좋은 모습으로 살기를 바라십니다.

하느님께 사랑받는 귀한 존재임을 알지만
저희는 인간적인 기준에 매여 살아갑니다.

내가 아는 이웃의 모습이 전부인 양 선입견을 갖거나
내가 알고 행하는 방법이 최상이라고 확신합니다.

상대의 결함이 보이면 서둘러 색안경을 씁니다.
상대를 제대로 알지도 못하면서
부정적인 이미지를 투사합니다.

매듭을 푸시는 성모님,
상대를 의심하고 부정적으로 생각했던 선입견의 매듭을
풀어 주소서.

각자의 색안경을 벗겨 주시어 백성의 선입견으로
사렙타 과부와 시리아인 나아만에게만 파견된
엘리야와 엘리사를 기억하게 하소서.

"저 사람은 요셉의 아들이 아닌가?"
"어떠한 예언자도 자기 고향에서는 환영을 받지 못한다."
(루카 4,22-24 참조)

섭섭함

따뜻한 망토에 저희를 감싸신 성모님,
당신의 자녀로서 기도와 봉사로 하늘에 보화를 쌓지만
공로를 알아주지 않거나 보상이 없으면 실망합니다.

하느님께서 갚아 주심을 머리로는 알지만
섭섭한 마음에 매여 상대를 불신하게 됩니다.

칭찬과 인정의 욕구가 강한 저희가
하늘의 상급에만 마음 두는 것은 어렵습니다.
섭섭함이 지나쳐 등을 돌리기도 합니다.
사탄이 즐겨 유혹하는 어둠입니다.

매듭을 푸시는 성모님,
관계의 걸림돌인 섭섭함의 매듭을 풀어 주시어
위로의 새살이 돋게 하소서.

숨은 일도 보시는 하느님께서 갚아 주심을 믿고
건강한 자기 보상을 통해 딛고 일어서게 하소서.

사람들의 감사를 기대하지 말고,
하느님께서 보고 계시다는 것만을 기뻐하십시오.
(성녀 소화 데레사)

무슨 일을 하든지, 사람이 아니라
주님을 위하여 하듯이 진심으로 하십시오.
(콜로 3,23)

완고함

가녀린 두 손 기도로 매듭을 푸시는 성모님,
당신께서는 가브리엘 대천사의 방문을 받으실 때
곰곰이 경청하셨습니다.

예수 그리스도를 스승으로 모시는 저희지만
하느님의 말씀과 이웃의 말에 귀를 열기가 어렵습니다.

상황을 거시적인 눈으로 바라보지 못하고
내 뜻만 옳다고 고집을 부립니다.
무심히 지나치는 나그네를 통해서도
당신의 뜻을 건네실 수 있음을 알아채지 못합니다.

매듭을 푸시는 성모님,
완고한 마음으로 그르친 관계를 치유해 주소서.
상대의 말에 귀 기울이지 않는 습관을 버리고
타인의 생각과 경험을 존중하며
함께 걸어가게 하소서.

"오늘 너희가 그분의 소리를 듣거든
마음을 완고하게 갖지 마라.
광야에서 시험하던 날처럼
반항하던 때처럼.
거기에서 너희 조상들은 내가 한 일을 보고서도
나를 떠보며 시험하였다.
사십 년 동안 그리하였다.
그래서 나는 그 세대에게 화가 나 말하였다.
'언제나 마음이 빗나간 자들,
그들은 내 길을 깨닫지 못하였다.'"

(히브 3,7-10)

우유부단함

하느님의 뜻만이 양식이신 성모님,
당신은 항구한 기도의 빛으로 저희를 비추시며
풍랑에서 길을 잃지 않도록 지키신 바다의 별입니다.

시대의 풍랑은 어디로 가야 할지 모르고
정처 없이 떠도는 나룻배 인생입니다.
목적지가 분명치 않으니 삶이 미지근합니다.
어제의 반성과 오늘의 행복, 내일의 기대도 없습니다.

사람이 왜 세상에 태어났을까요?
'사람은 천주를 알아 공경하고
자기 영혼을 구하기 위하여 세상에 났느니라.' _(교리문답 1항)

천주를 알아 섬기며 지상의 행복을 누리다
영원한 생명의 길로 들어섬을 알지만,
복음의 실천은 우유부단할 뿐입니다.

매듭을 푸시는 성모님,
우유부단한 마음이 삶의 활기를 앗아 가오니
어서 매듭을 푸소서.
저희를 성령의 불로 달구시어 매 순간 깨어 행동하게 하소서.

네가 이렇게 미지근하여 뜨겁지도 않고 차지도 않으니,
나는 너를 입에서 뱉어 버리겠다.

(요한묵시록 3,16)

폭언

하느님이 삶의 중심이신 성모님,
자애로운 어머니의 매무새를 그려 봅니다.
항상 말씀을 아끼신 당신의 모범이 귀하지만
세상은 무분별한 말로 가득합니다.

아름다운 언어가 많은데도
동기가 순수하지 않거나,
작정하고 내뱉는 폭언이 난무합니다.
상대에게 치명적인 상처를 안기는 매듭입니다.

스스로 공감하고 다독이지 못한 감정들은
상대에 대한 공격성을 자아냅니다.
인터넷 댓글 비방에 연예인들이 죽어 가고,
억울한 기사로 정서적 심리적 죽음을 당합니다.

매듭을 푸시는 성모님,
폭언을 일삼게 하는 말의 폭력성을 정화하시어

근본 뿌리인 욕심과 분노,
교만과 두려움을 치유해 주소서.
사람을 죽이는 말이 아닌 사람을 살리는 생명의 언어로
서로가 격려하길 소망합니다.

───────────

매에 맞으면 자국이 남지만
혀에 맞으면 뼈가 부러진다.
많은 이들이 칼날에 쓰러졌지만
혀 때문에 쓰러진 이들보다는 적다.

(집회 28,17-18)

완벽주의

언제나 순리대로 생활하신 성모님,
당신이 지니신 조화와 균형, 중용의 덕이
저희 안에 갖춰지길 바라나이다.

지금 여기의 삶을 비추어 보니
여전히 불안과 걱정, 두려움에 얽매입니다.
작은 실수에 민감하고
더 잘해야 될 것만 같습니다.

스스로 선택했지만 후회와 자책이 깊습니다.
아직 이뤄 놓은 게 없어 미래가 두렵고,
모든 게 완벽하려니 늘 시간에 쫓겨 자신을 재촉합니다.
인정받지 못하면 불안하고
관계의 갈등을 못 견뎌 합니다.
하루 시간에 빈틈이 없고
가만히 있으면 이래도 되나 합니다.

자격을 갖춰야만 인정받고 잘못하면 질책을 받았던
유년기의 상처, 열등감의 그림자입니다.
백 점을 맞아야만 성공한 인생이라고 생각하기 때문입니다.
매듭을 푸시는 성모님,
부족하거나 모자랄 때 채워야만 직성이 풀리는
완벽주의를 치유하소서.
꼭 만점이 아니더라도
하느님께 우리는 소중한 존재임을 깨달아
부족함마저도 관대히 존중하게 하소서.

나는 어떠한 처지에서도 만족하는 법을 배웠습니다.
나는 비천하게 살 줄도 알고 풍족하게 살 줄도 압니다.
배부르거나 배고프거나 넉넉하거나 모자라거나
그 어떠한 경우에도 잘 지내는 비결을 알고 있습니다.

(필리 4,11-12)

하느님과의 관계

냉담
무서움
과거의 기억
무지
변명과 핑계
분심
불순종
불신
생각
자애심
죄책감
집착
포기
소통의 부재

냉담

언제나 깊은 믿음으로 담금질하시는 성모님,
당신의 삶은 믿음과 응답의 길이었습니다.
앞이 보이지 않는 길이었지만 확신에 찬 걸음이었습니다.

저희 역시 하느님의 부르심에 따라
세례성사를 받고 믿음의 길로 들어섰습니다.
하느님을 첫 자리로 섬기며
나의 구원과 가족, 세상의 구원에 기여하게 됐습니다.

그렇지만 세속의 사정은 다릅니다.
바쁘고 힘들고 게을러서 성사생활을 포기한
냉담자가 늘어납니다.
하느님의 사랑을 느끼지 못하는 영혼의 냉담은
더 막막합니다.

매듭을 푸시는 성모님,
하느님에게서 갈라놓는 냉담의 매듭을 푸시어

하느님 없이 혼자 걷는 오만을 부숴 주소서.
성령의 빛으로 마음 길 터 주시고
세상 밖에 서성이는 자녀들을 거두어 주소서.

"천주교인이오?"

(성 김대건 안드레아 신부)

여러분이 이런 헛된 것들을 버리고 하늘과 땅과 바다와
또 그 안에 있는 모든 것을 만드신 살아 계신 하느님께로
돌아서게 하려는 것입니다.

(사도 14,15)

무서움

모성적 자비의 표상인 성모님,
당신은 배필이신 요셉과 함께 아기 예수님을 기르시며
올바른 부모상을 심어 주었습니다.

엄하고 경직된 부모가 아니라
한없이 인자하고 무조건적인 사랑을 베푸셨습니다.
저희 역시 하느님의 사랑 속에 살지만
하느님이 멀게 느껴질 때가 있습니다.

무섭고 엄한 부모를 하느님께 투사하여
하느님을 심판과 징벌, 억압의 대상으로 왜곡합니다.
삶의 짐을 맡기기는커녕 혼자 떠안고 가게 됩니다.

매듭을 푸시는 성모님,
하느님을 무서워하는 이들에게
하느님 상(像)을 제대로 심어 주시고,
아버지의 너른 품에 안아 주소서.

아기처럼 기도하고, 아기처럼 보호 받으며,
하느님의 무조건적인 사랑을 맛보게 하소서.

하느님의 영의 인도를 받는 이들은 모두 하느님의 자녀입니다.
여러분은 사람을 다시 두려움에 빠뜨리는
종살이의 영을 받은 것이 아니라,
여러분을 자녀로 삼도록 해 주시는 영을 받았습니다.
이 성령의 힘으로 우리가 "아빠! 아버지!" 하고 외치는 것입니다.
(로마 8,14-15)

과거의 기억

항상 새로운 신앙으로 아침을 여신 성모님,
매해 새로운 태양이 떠오를 때마다
오늘의 하느님, 오늘의 나, 오늘의 이웃을 만납니다.

광야의 이스라엘 백성은 그날그날 내려 주시는
만나와 메추라기를 먹으며 딱 하루치만큼 살아 냈습니다.

그러나 저희는 여전히 옛 기억을 데려와 오늘에 더하고,
앞날을 미리 당겨다 오늘에 얹습니다.
쟁기를 잡고 뒤를 돌아보는 롯의 아내로 살며
오늘 이 순간의 행복을 생명 없는 소금 기둥으로 만듭니다.

매듭을 푸시는 성모님,
당신의 자녀들이 부정적인 기억에 매여 축복을 가로막습니다.
나쁜 기억조차 자기 삶의 일부임을 인정하며,
있는 그대로 껴안게 하소서.

예전의 일들을 기억하지 말고 옛날의 일들을 생각하지 마라.
보라, 내가 새 일을 하려 한다.
정녕 나는 광야에 길을 내고 사막에 강을 내리라.
(이사 43,18-19)

인간은 본시 연약한 것이므로 제 아무리 훈련이 되었다
할지라도 기억을 가지고는 실패하기가 쉬우니,
생각을 끊고 고요와 평화 속에 있던 마음도 변하고
어지러워지는 것은 기억 때문인 것이다.
(십자가의 성 요한 「가르멜의 산길」)

무지

땅의 삶이었지만 하늘의 지혜 속에 사신 성모님,
어머니께서는 당신의 지혜를 나눠 주시며,
하느님의 사랑이 충만하도록 이끄십니다.

베드로 사도가 회개한 것은
예수님을 세 번 부인한 배반의 죄가 아니라
그분의 사랑을 몰라본 무지의 죄였습니다.

스스로 목숨을 끊은 유다 역시
예수님을 팔아넘긴 죄가 아니라
그분의 사랑을 믿지 못한 무지의 죄였습니다.

자신의 가능성과 한계를 인식하지 못한 무지함 역시
하느님의 마음을 아프게 합니다.

매듭을 푸시는 성모님,
무지로 인한 제 안의 베드로와 유다를 치유하시고,

부활한 예수님을 뒤늦게 알아뵙고
부활을 증언한 마리아 막달레나처럼
자신감 있게 살아가게 하소서.

하느님께서는 세상을 너무나 사랑하신 나머지
외아들을 내 주시어, 그를 믿는 사람은
누구나 멸망하지 않고 영원한 생명을 얻게 하셨다.

(요한 3,16)

변명과 핑계

주님의 뜻이라면 언제나 따르신 성모님,
당신은 작은 일상을 깨어 살피며
하느님께서 원하신 방법으로 예수님을 사랑했습니다.

에덴동산에서 아담과 하와는
하느님의 말씀을 어긴 죄를 짓고도
변명하며 책임을 떠넘겼습니다.

하느님께서 나탄 예언자를 보내시어 다윗 왕을 꾸짖으실 때,
다윗은 변명하지 않고, 핑계를 대지도 않으며
남 탓도 안 합니다.
"내가 주님께 죄를 지었소."라고 인정합니다.

예수 그리스도의 사랑이 우리를 다그치지만
매번 변명과 핑계가 앞섭니다.

매듭을 푸시는 성모님,
변명하고 핑계를 대며 게을러진 저희를 붙잡아 주소서.
전 생애 동안 어떤 변명도 없이 순명하신
어머니의 마음을 상기합니다.

결코 변명하지 마라.
모든 질책은 하느님께서 허락하신 것이니
평온한 마음으로 받아들여라.
(십자가의 성 요한, 「잠언과 영적 권고」)

분심

저희의 흐트러진 마음을 모으시는 성모님,
하느님께서는 엿새 날에 사람을 창조하시고
숨결을 불어넣으시어 들숨과 날숨의 신비 안에
살도록 하셨습니다.

하지만 복잡한 세상,
생명의 근원이신 하느님의 숨결을 잊고
분심 속에서 살아갑니다.

하느님을 뵙고 기도하는 순간에도
과거와 미래를 드나들며 '지금 여기'에 존재하지 못합니다.
추스르지 못한 감정은 세속의 감각적인 욕구와 뒤섞여
잠심을 방해합니다.

매듭을 푸시는 성모님,
사방으로 뻗어나가는 저희의 분심을 다스려 주소서.
하느님을 뵙고픈 갈망이 크지만 마음이 산란합니다.

내면에 생명의 숨길 터 주시어
호렙 산 동굴에서 지진과 바람과 불의 분심을 견디고
하느님의 음성을 들은 엘리야처럼 기도하게 하소서.

―――――――――

"너희 마음이 산란해지는 일이 없도록 하여라.
하느님을 믿고 또 나를 믿어라."

(요한 14,1)

불순종

당신의 순종으로 하와의 불순종을 대속하신 성모님,
나약한 인간이면서 하느님의 뜻보다 내 뜻을 신뢰하는
불순종의 악습을 봉헌합니다.

하느님께 의탁하는 기도생활에서
매 순간의 초대에 "예." 하지 못하고
"아니요." 또는 "왜요?"라고 되물으며 순명을 거스릅니다.

반면, 세상의 요구와 기대엔 자연스레 복종하며
내 뜻을 하느님이 아닌 남에게 넘긴 채 살아갑니다.

매듭을 푸시는 성모님,
하느님과 부모에 대한 불순종의 교만을 봉헌하오니
해야 할 것들은 하지 않고
하지 말아야 할 것들에 매인
어리석음을 치유하소서.

불순종의 예언자 요나가 물고기 배 속에서 정화되어
니네베 사람들을 회개시킨 순종의 기적이
저희 안에 이뤄지길 간구합니다.

우리는 바로 그분을 통하여 사도직의 은총을 받았습니다.
이는 그분의 이름을 위하여
모든 민족들에게 믿음의 순종을 일깨우려는 것입니다.

(로마 1,5)

불신

믿음, 희망, 사랑의 덕을 실천하신 성모님!
당신은 오직 믿음으로만 이해되는 하느님의 말씀을
심어 주시기 위해 지상의 자녀들을 살뜰히 챙기십니다.

오늘도 저희는 믿음의 지표인 어머니의 모범 안에서
신앙을 지켜 가지만 갈대처럼 흔들거립니다.

하늘에 기대어 살아도 하늘의 뜻을 받아들이지 못하고,
기도하지만 기도대로 살아 내지 못합니다.

하느님과 인격적인 관계를 맺지 못한 이들에게
신앙은 설렘이 아니라 의무며 부담입니다.

하느님을 불신한 잘못으로 벙어리가 된 즈카르야가
이 시대의 우리 모습입니다.

매듭을 푸시는 성모님,
하느님을 믿지 못하고 불행을 겪어 온 저희를 구원하소서.
겨자씨만 한 믿음만 있으면 못할 일이 없다 하신
주님의 말씀을 기억하며 굳건히 무장하게 하소서.

"주님, 저희에게 믿음을 더하여 주십시오."

(루카 17,5)

네 길을 주님께 맡기고
그분을 신뢰하여라. 그분께서 몸소 해 주시리라.

(시편 37,5)

생각

가지 많은 나무에 바람 잘 날 없듯이
자녀들 생각에 분주하신 성모님,

하느님의 생각은 우리의 생각과 다르고
경계 없이 무한의 세계에서 역사하시는데,
인간의 편협한 생각과 틀이
하느님의 크신 생각을 묶어 놓습니다.

사랑을 베풀어야 할 때에 생각에 매여
미루거나 포기해 버립니다.

사랑이 머리에서 가슴으로 내려오는 데에
70년이 걸렸다는 김수환 추기경님의 말씀처럼,
머리의 생각이 가슴의 사랑으로 내려오지 못하니
참으로 명언입니다.

매듭을 푸시는 성모님,
저희가 기도하고 사랑하는 일에 마음 쓰기보다
미리 생각하고 판단하는 습관을 멈추게 하소서.

온갖 좋은 것을 지니신 하느님의 생각이
삶의 이정표가 되어 주시길 빕니다.

———————

기도는 많이 생각하는 것이 아니라
많이 사랑하는 것이다.

(아빌라의 성녀 예수의 데레사)

자애심

언제나 사랑의 길을 걸으신 성모님,
어머니께서 보이신 순명과 이웃 사랑의 모범을
저희가 닮고자 하나이다.

하느님께 받은 몸과 마음을 오롯이 도로 바쳐
찬미와 희생의 제물로 내어놓아야 할 저희입니다.
그러나 크고 작은 두려움이 밀려오면
자애심이라는 걸림돌에 넘어집니다.

자애심은 이기심의 또 다른 얼굴입니다.
자기에 대한 애착과 사랑이 큰 나머지
하느님과 인격적인 관계를 맺지 못합니다.

병약한 이는 두려움으로 움츠러들고
손해를 입을까 걱정인 사람은 뒷걸음질 칩니다.

매듭을 푸시는 성모님,
자기를 과하게 섬기는 자애심의 매듭을 풀어 주소서.
저희가 성령의 도우심 안에서 하느님을 사랑하고,
그 사랑으로 타인을 사랑하도록 이끌어 주소서.

_____

네 마음을 다하고 네 목숨을 다하고 네 정신을 다하여
주 너의 하느님을 사랑해야 한다.
이것이 가장 크고 첫째가는 계명이다.

(마태 22,37-38)

죄책감

인간의 허물을 덮으시는 성모님,
저희는 원죄를 입고 태어난 인간이기에
흠 없는 삶을 추구하려 해도 죄에서 자유롭지 못합니다.

하느님께서는 구약에서 반복된 인간의 나약성을 존중하시어
당신의 외아들을 통해 신약의 새 역사를 여셨습니다.

하지만 저희는 사소한 죄에도 예민하여
중압감을 느낍니다.
고해성사로 해결되지 않은 죄책감은
이미 사함 받은 죄를 낚시질하는 어리석음을 범합니다.
하느님의 자비를 불신하는 것입니다.

매듭을 푸시는 성모님,
죄책감에 매인 감정의 매듭을 푸시어
죄의식의 감옥에서 벗어나게 하소서.

죄 없이 살고자 하는 어떤 노력도
하느님의 도우심 없이 불가능하오니,
사랑 받는 죄인임을 깨닫게 하소서.

———————

내가 큰 죄를 범하여 양심의 가책으로 괴로워해도,
그리스도의 죽음이 사해 줄 수 없는,
죽음으로 이끄는 그런 죄가 있겠습니까?

(성 베르나르도 아빠스)

집착

오직 하느님만으로 만족하신 성모님,
당신은 불안정한 환경에서도
피조물에 매이지 않으셨습니다.

하느님께서는 에덴동산을 선물로 주셨지만
아담과 하와는 선악과에 집착하여 낙오자가 되었고,
에덴동산은 죽어 천국에 가야 볼 수 있는
동경의 장소로 바뀌었습니다.

이 시대의 우리 또한
돈, 명예, 사람에 집착하며
하느님을 진심으로 섬기지 못합니다.

집착은 휴대폰과 인터넷 등 사소한 것에서부터
음식과 외모에 대한 집착
일과 성공에 대한 집착
무병장수에 대한 집착

집에 대한 집착
그리고 자기 자신에 대한 집착까지 다양합니다.

매듭을 푸시는 성모님,
온갖 집착에서 해방시키시어 이탈하게 하소서.
예수님에 대한 애착마저 끊으신 어머니처럼
하느님만으로 만족한 삶이길 갈망합니다.

────────────

줄이 가늘거나 굵거나 간에
새를 묶은 줄이 끊어지지 않으면 그 새가 날지 못한다.
아무리 하찮은 것일지라도 집착을 끊지 않는
영혼은 하느님과 합일하는 자유에 도달하지 못한다.

(십자가의 성 요한 「잠언과 영적 권고」)

착각

하느님을 홀로 뵈오며 행복하신 성모님,
당신은 오직 하느님만이 전부이고 완전하심을
믿고 의탁했습니다.

시대는 어느덧 이천 년을 넘어
마음만 먹으면 뭐든 할 수 있는
풍요의 시대에 이르렀습니다.
세상의 덧없음은
영원히 살 것 같은 착각 속에 묻혔습니다.

내 뜻을 하느님의 뜻으로 합리화하며
하느님을 안다고 착각합니다.
또 이웃의 겉모습만 보고 그를 안다고 착각합니다.

매듭을 푸시는 성모님,
어리석은 착각이 만든 매듭을 풀어 주소서.

풀잎 끝에 맺힌 이슬에 불과한
생의 덧없음을 일깨우시어
영원불변하신 하느님께 기대어 살게 하소서.

나는 하느님께서 하시는 모든 일과 관련하여
태양 아래서 이루어지는 일을 인간이 파악할 수 없음을 보았다.
인간은 찾으려 애를 쓰지만 파악하지 못한다.
지혜로운 이가 설사 안다고 주장하더라도
실제로는 파악할 수가 없는 것이다.

(코헬렛 8, 17)

포기

언제나 아드님 곁에서 기도하신 성모님,
예수님이 공생활 동안 겪으신 고초를 보시면서도
하느님의 어머니 역할을 포기하지 않으셨습니다.

성공은 진정 포기하지 않은 자들의 몫일진대,
실패하거나 넘어졌을 땐 유혹을 받습니다.

다시 넘어질까 일어서기를 두려워하며
공부를, 취직을, 치료를, 관계를, 책임을, 용서를
그리고 사랑하기를 포기합니다.

하느님의 아드님도 세 번이나 넘어졌습니다.
그러나 저희를 위해 끝내 일어서시어
남은 십자가의 길을 가셨습니다.

똑같이 넘어졌지만
목숨을 스스로 끊은 유다는 포기의 상징이,

수치심을 딛고 일어선 베드로는
희망의 상징이 되었습니다.

매듭을 푸시는 성모님,
넘어지고 잘못될까 봐 지레 포기한 일이 후회로 얼룩집니다.
넘어진 그 자리가 부활의 자리임을 깨달아
두려움을 딛고 다시 일어서게 하소서.

나는 훌륭히 싸웠고 달릴 길을 다 달렸으며
믿음을 지켰습니다. 이제는 의로움의 화관이
나를 위하여 마련되어 있습니다.

(2티모 4,7-8)

소통의 부재

관계의 중개자이신 성모님,
어머니께서는 하느님의 아들이신 예수님을 낳아 기르며
하느님과 사람을 잇는 소통의 다리가 되어 주셨습니다.

예수님께서는 신성뿐 아니라 우리와 인성이 똑같고,
가정에서 의사소통을 배우셨습니다.
하느님을 만나 관계를 맺는 것은 하늘에만 있지 않고
지상에서부터 이뤄짐을 보여 준 것입니다.

예수님께서는 오천 명을 먹인 기적을 행하신 후
홀로 산에서 하느님을 만나 소통했습니다.
게쎄마니에서는 피땀이 흐르도록 하느님을 불렀습니다.
두 분만의 의사소통이었습니다.

하느님과 우리의 관계를 비춰 봅니다.
매 순간 기도하며 하느님께 다가가지만
제대로 소통하고 있는지,

우리의 기도를 듣고 계신지 가늠할 수 없습니다.

매듭을 푸시는 성모님,
하느님을 깊이 만나 소통하고픈 갈망과 달리
기도와 묵상에 게으른 저희를 깨워 주소서.

묵상기도란 자기가 하느님께 사랑 받고 있다는 것을 알면서
그 하느님과 단둘이 자주 이야기하면서 사귀는
친밀한 우정의 나눔입니다.
(아빌라의 성녀 예수의 데레사 자서전 『천주 자비의 글』 8,5)

제3부

가정 안에서 행복한 나로 서다

그가 시키는 대로 하여라

작은 불씨를 헤집어 끄지 않으면 언젠가 큰 불이 된다. 일상의 작은 매듭 역시 마찬가지다. 「루카복음」 8장의 말씀이 적절한 비유가 될 것 같다.

씨 뿌리는 사람이 씨를 뿌리러 나갔다. 어떤 것은 길에 떨어져 발에 짓밟히기도 하고 하늘의 새들이 먹어 버리기도 하였다. 어떤 것은 바위에 떨어져, 싹이 자라긴 했지만 물기가 없어 말라 버렸다. 또 어떤 것은 가시덤불 한가운데로 떨어졌는데, 가시덤불이 함께 자라면서 숨을 막아 버렸다. 그러나 어떤 것은 좋은 땅에 떨어져 자라나서 백 배의 열매를 맺었다. (루카 8,5-8)

씨는 하느님의 말씀이다. 길가의 씨앗은 악마에게 빼앗겼고, 바위의 씨앗은 뿌리가 없어 시련의 바람에 떨어져 나갔다. 인생의 걱정과 재물과 쾌락이라는 가시덤불에서 숨이 막혀 열매를 맺지 못했다. 내 안의 걸림돌인 척박한 길과 바위, 가시덤불이 바로 매듭인 것이다.

하느님의 말씀이 나와 가족 안에 뿌리 내려 열매를 맺는 좋은 땅이 되려면 밭을 갈아엎는 정화(淨化)의 시간이 필요하다. 화분의 흙이 딱딱하게 굳으면 물을 줘도 흡수하지 못하듯이 아무리 좋은 말씀도 스며들 수가 없다. 우리 가정도 그랬다.

가족이 함께 기도한다는 것은 그야말로 순교였다. 가정에 닥친 질병과 가난, 극복해야 할 난관들, 그리고 깊은 상처와 불신 등이 큰 걸림돌이었다. 다 함께 앉아 묵주기도 15단을 바치며 하느님을 부르짖던 날, 하느님의 자비는 찬란했다. 하느님께서는 당신의 자비를 드러내시기 위해 우리를 약하고 무력하게 만드신다는 것을 체험했다.

딱히 기도랄 것도 없었다. 카나의 혼인 잔치에서 포도주가 떨어지자 성모님께서 예수님께 전한 평범한 아룀이었다.

"지금 포도주가 떨어졌구나."

예수님은 아직 당신의 때가 아니라고 했지만, 성모님께서는 일꾼들에게, "그가 시키는 대로 하여라."고 이르시며 항아리에 물을 채우게 하셨다. 그 물은 우리 가족에게 기도였다. 예수님의 때를 기다리며 우리가 할 수 있는 것은 항아리에 기도를 채우는 것이었다.

나 역시 가정의 어려움을 있는 그대로 아뢰었다.

"먹을 것이 떨어졌어요. 등록금 고지서가 나왔어요. 제가 각혈을 했어요. 가장이 두려워하고 있어요."

항아리에 기도가 가득 차면, 예수님이 물을 포도주로 변화시켰듯이 우리 가족에게도 변화의 기적을 베푸실 터였다. 또한 구약의 「토빗기」가 가정의 치유와 회복에 이정표가 되어 주었다.

주인공 토빗과 사라는 고통과 절망 속에서 차라리 죽게 해 달라고 기도했다. 하느님께서 그 간절한 기도를 들으시고 라파엘 천사를 보내 토빗의 아들 토비야를 사라와 결혼시키고, 토빗의 눈을 뜨게 해 주셨다.

> 누구든 가난한 이에게서 얼굴을 돌리지 마라. 그래야 하느님께서도 너에게서 얼굴을 돌리지 않으실 것이다. 네가 가진 만큼, 많으면 많은 대로 자선을 베풀어라. 네가 곤궁에 빠지게 되는 날을 위해 좋은 보물을 쌓아 두는 것이다. 자선은 사람을 죽음에서 구해 주고 암흑에 빠져 들지 않게 해 준다. (토빗 4,7-10)

라파엘 천사를 통해 매듭을 풀어 주신 하느님의 뜻을 묵상하며 토빗의 가족처럼 간절히 기도했다. 질병과 가난으로 고통 받는 이웃을 위로하고, 임종자를 정성껏 보살폈다. 고통 속에 갇혀

있던 내가 돌봄이 필요한 이웃과 함께 하는 연대적 삶으로 탈바꿈한 것이다. 이는 교황님의 지향이기도 했다.

소화 데레사 성녀와 부모이신 성 루이와 젤리 마르탱 부부의 중재기도 역시 커다란 힘이었다. 평범한 일상이지만 매 순간을 사랑으로 성화시켜 성인이 된 분들이다.

풀기 힘든 큰 매듭에 연연하기보다 일상의 작은 매듭부터 풀어 나갔다. 내면의 바위와 가시덤불이 부서지면서 씨앗을 틔웠다. 가족이 함께 했던 기도터가 어느덧 좋은 땅이 되어 많은 열매를 맺었다.

살려고 매달린 하느님, 살려고 붙잡은 기도였다. 우리는 하느님과 기도를 사랑하는 가족이 되었다. 카나 혼인 잔치의 기적, 우리를 변화시킬 수 있는 힘은 오직 예수님 한 분뿐이시다. 그때를 겸허히 기다리기 위해 기도하는 것이다.

가정의 매듭

가난
애착
과도한 기대
대화 부족
무책임
병마
불신앙
비교
권위와 신념
비난과 질책
성공과 질주
유년기 상처
자아
상실
중독
트라우마
자기 비하
특별해지고 싶은 욕망
맞벌이 가정
한부모 가정

가난

매듭을 푸시는 성모님,
저희는 매일 주님의 기도를 바치며
'오늘 저희에게 일용할 양식'을 주시길 간구합니다.

가난의 십자가를 진 이들에겐 더 절실합니다.
세상은 모든 게 넘쳐나지만
가난 때문에 신음하는 가정이 많습니다.
그들의 결핍은 가족 간의 불화로 이어지고
관계까지 단절시킵니다.

먹고 입고 배우며 사회로 확장되는 삶의 과정이
그들에겐 상처가 되고 열등감이 들게 합니다.

매듭을 푸시는 성모님,
궁핍한 이들의 마음을 싸매 주시고
가난할수록 하느님께 전적으로 의탁하며
매일의 필요를 얻어 누리게 하소서.

엘리사가 그 가난한 과부에게,

"집에 무엇이 남아 있소?" 하고 물었다.

"이 여종의 집에 남은 것은 기름 한 병밖에 없습니다."

그러자 엘리사가 빈 그릇마다 기름을 붓고는,

"가서 기름을 팔아 빚을 갚고, 남은 것으로

당신과 당신 아들들이 살아가시오." 하고 말하였다.

(열왕기 하권 4,2-7 참조)

애착

가난함 속에서 하느님의 부요함을 체험하신 성모님,
당신은 기도와 분수에 맞는 절제 생활로 가정을 일구셨습니다.

모든 것을 마련해 주시는 하느님을 체험하는 것은
언제나 저희가 가난할 때입니다.
쌀독이 비면 천사를 보내 채워 주시고,
몸이 지쳐 쓰러지면
독수리처럼 날개 치고 일어설 힘을 주십니다.

반면에 알맞게 채우시는 분의 능력을 체험하지 못하는 것은
언제나 애착할 때입니다.
부엌엔 그릇이 넘쳐나고 장롱엔 옷들이 가득합니다.
신발장이 꽉 차고, 불필요한 물건이 창고에 쌓여도
버리고 비우고 나누지 못합니다.

빈틈이 없으니 하느님의 더 좋은 것을 받아 채울 수 없습니다.
일과 사람 그리고 명예에 대한 애착도 스스로를 옭아맵니다.

매듭을 푸시는 성모님,
애착의 매듭을 푸시어 참 가난의 덕목을 가르치소서.
모든 것이 완벽했으나 재물 창고에 애착하여 주님을 떠난
부자 청년의 뒷모습을 그려 봅니다.

———————

그는 재산이 가난한 이들과 나누라고
주님께서 맡기신 것이라고 생각하지 않습니다.
그는 자기 재산을 돈궤 속에 마냥 잠재우면서
가난한 이가 괴로워할 때 도와주지 않은 그 기간에 대해,
주님께 정확한 계산서를 바쳐야 할 것입니다.

(아빌라의 성녀 예수의 데레사 「소품집」)

과도한 기대

저희의 모든 것을 존중하시는 성모님,
에덴동산에서 아담과 하와는 하느님과 사이가 좋았습니다.
선악과를 따먹었지만 그 자유의지마저 존중하셨습니다.

인간의 나약함을 아시기에 더 기대하지 않으신 겁니다.
그런 하느님의 자비를 종종 잊고 살아갑니다.
부모는 사사건건 개입하며 자녀를 억압합니다.
과도한 기대를 받고 자란 자녀는 기를 펴지 못합니다.

자기에 대한 기대 역시 지나칩니다.
사정없이 몰아붙이며 많은 것을 요구합니다.
스스로 만든 굴레입니다.

소화 데레사의 아버지 마르탱은 딸에게
'나의 작은 여왕'이라 부르며 있는 그대로 존중했습니다.
그녀가 하느님과 친밀한 관계를 맺은 이유입니다.

매듭을 푸시는 성모님,
자기 자신과 타인에 대한 기대를 내려놓고
가볍고 자유로운 일상이 되게 하소서.

모든 사람이 얼마나 하느님의 사랑을 받고 있는지!
오늘은 당신의 이웃을, 그가 어떤 사람이든지
있는 그대로 받아들일 수 있기를 청하십시오.
하느님께서는 당신의 모든 나약함과 불완전함 속에서도
자비를 베푸실 것입니다.

(성녀 소화 데레사 자서전)

대화 부족

어머니이시며 아내이신 성모님,
당신은 회당에 다녀온 아들을 앉혀 놓고
대화를 나누셨습니다.
우리 역시 가정에서 대화합니다.
내가 누구인지를 알리고 상대의 이야기를 듣습니다.

그런데 막상 마주 앉으면 피상적인 이야기만 합니다.
가족의 얘기를 들어줄 기다림이 부족하고,
가족의 고민을 공감할 의지가 없기 때문입니다.
SNS나 다른 의사소통 매체에 의존하며
가족과 담을 쌓기도 합니다.
가족이지만 각자 외롭습니다.

매듭을 푸시는 성모님,
가정이 삭막합니다.
대화의 결핍이 건강한 소통을 방해합니다.
매듭을 풀어 주시어 가정에 이야기꽃을 피워 주소서.

대화는 혼인생활과 가정생활에서 사랑을 실천하고
표현하며 키워 나가는 데에 반드시 필요한 특별한 방법입니다.
그런데 이는 시간이 오래 걸리며 노력이 필요한
학습 과정의 열매입니다.

(프란치스코 교황 권고, 「사랑의 기쁨」 136항)

역기능 가정과 순기능 가정을 평가하는 중요한 잣대는
대화 기능에 달려 있다. 왜곡된 대화와 감정의 교류 없이
자란 역기능 가정에선, 낮은 자존감으로 위축된
부정적인 자아상을 갖게 된다.
반면 건강한 의사소통은 자기 존중, 자기 정체성이 분명하며
타인과도 좋은 관계를 유지한다.

(변상규, 『자아상의 치유』)

무책임

언제나 성실하신 성모님,
당신은 엄마로서 아내로서 하느님의 자녀로서
책임을 다하셨습니다.

저희의 삶에도 역할과 책임이 있습니다.
부모와 자식, 형제가 그렇습니다.
사회와 신앙공동체의 소명이 있습니다.

가정에서 해야 할 책임은 더 소중합니다.
작은 일상이지만 소홀히 할 수 없습니다.
하지만 밖에서는 남의 시선을 의식해 최선을 다하면서
집에서는 무책임하게 행동합니다.

부모의 무책임이 자녀를 불안하게 하고,
부부의 무책임이 실망과 불목을 조장합니다.
이런 일상의 작은 매듭이 가족의 평화를 깨뜨립니다.

매듭을 푸시는 성모님,
가정 안에서 무책임하게 행동하는 매듭을 푸시어,
하느님의 질서 안에서
일상의 책임을 기쁘게 해내게 하소서.

———————

가정은 으뜸가는 사회화의 자리다.
가정은 우리가 처음으로 다른 이들과 관계를 맺고
다른 이들의 말에 귀 기울이고 함께 나누고 견디어 내고
존중하고 돕고 함께 살아가는 법을 배우는 곳이다.
(프란치스코 교황 권고 「사랑의 기쁨」 276항)

병마

인간의 나약함을 잘 아시는 성모님,
어머니께서는 아픈 자녀들을 위해 특별히 기도해 주시며
의사이신 주님께 치유를 청하십니다.

하느님의 모상으로 창조된 생명이지만,
병이 깊으면 두려움이 앞섭니다.
마음과 정신의 병 역시 마찬가지입니다.
혹독한 시련을 겪게 하는 사탄의 유혹입니다.

환자의 짜증과 원망이 가족을 지치게 합니다.
경제적인 부담도 커다란 근심입니다.
쇠약해진 마음이 희망을 놓게 합니다.

매듭을 푸시는 성모님,
오랜 질병에 지친 환자와 가족을 위로하시고,
질긴 병마에서 해방시켜 주소서.

생명이신 주님의 성체성혈 안에서 건강을 회복하고,
더 깊은 믿음으로 하느님을 섬기게 하소서.

———————

그는 우리의 병고를 메고 갔으며,
우리의 고통을 짊어졌다.
우리의 평화를 위해 그가 징벌을 받았고,
그의 상처로 우리는 나았다.

(이사 53,5)

불신앙

신앙의 모범이신 성모님,
베들레헴의 마구간과 나자렛 공동체는
당신의 자녀들에게 보이신 이정표입니다.

아버지 요셉은 목수이고 어머니 마리아는 주부였습니다.
작고 평범한 일상이지만 하느님의 구원 사업을 이룬
성소의 못자리였습니다.

수태고지 사건과 이집트 밤길 피난,
베들레헴 마구간의 탄생.
인간적으로 납득할 수 없는 일을 받아들인 힘은
성모님의 탄탄한 신앙이었습니다.

저희 역시 하느님을 첫 자리로 섬기는 신앙인이지만
하느님을 믿기보다 자기 능력과 힘을 더 신뢰합니다.
한국천주교회 박해기를 뜨겁게 견뎌 낸 선조들의 신앙은
빛을 잃어 가고 있습니다.

매듭을 푸시는 성모님,
믿음에 대한 시련을 겪는 불신앙의 매듭을 풀어 주소서.
인생길 고비마다 살펴 주신 하느님의 사랑을 기억합니다.

———————————

자비로우신 사랑의 아버지,
당신은 성녀 소화 데레사의 부모인
성 루이와 젤리를 가정생활과 결혼생활의 거룩한 본보기로
저희에게 주셨나이다.
그들은 모든 의무와 고통과 시련 속에서 주님께
그리고 주님의 계명에 충실했나이다.

(성 루이와 성 젤리 마르탱 부부의 「시성 기도문」에서. 서울가르멜여자수도원 역)

비교

언제나 공평한 사랑을 베푸신 성모님,
하느님께서 사람을 창조하실 때,
한 사람 한 사람 귀히 공들이셨습니다.

저희는 하느님을 닮은 그분의 모상이며
성모님의 귀한 자녀입니다.

한 가정에서 태어나 부모의 사랑을 배우며 성장하지만
정작 세상은 나를 있는 그대로 존중하지 않습니다.
내가 어떤 사람이냐가 아니라
내가 얼마나 많은 것을 소유했는지가 더 중요합니다.

부모가 자식을 비교하며 상처를 주고,
자식이 부모를 비교하며 불평합니다.
자기가 남보다 낫다 여길 땐 우월감을,
남보다 못하다 여길 땐 열등감을 느낍니다.

비교당한 자녀는 남의 평가에 휘둘리며
자기만의 정체성을 잃게 됩니다.

매듭을 푸시는 성모님,
비교당한 상처의 치유와 낮은 자존감의 회복을 청합니다.
하느님 닮은 모습으로 빚어진 존재가 바로 우리임을
알게 하소서.

우리는 하느님의 작품입니다.

(에페 2,10)

권위와 신념

오직 사랑만이 삶의 철학이신 성모님,
어머니의 관대한 마음과 바다 같은 넉넉함이
저희가 기댈 고향, 에덴동산입니다.

성모님을 닮고 싶으나
우리는 제대로 사랑할 줄 모릅니다.
나는 분명 사랑인데 남편과 자식은 간섭이랍니다.
그들이 건네는 사랑 역시 내가 원하는 것이 아닙니다.

각자 자기만의 사랑을 강요합니다.
자기의 신념과 철학을 사랑으로 착각합니다.

'남에게 피해 주지 마라.'
'무조건 양보해라.'
'정의로워라.'
'항상 친절해라.'
'실수하지 마라.'

'기회를 놓치지 마라.'
'제 힘으로 벌어 살아라.'
'다 너를 위해서란다.'

상대를 옭아매는 그릇된 사랑입니다.

매듭을 푸시는 성모님,
권위와 신념에서 비롯된 매듭을 푸시어
내가 원하는 사랑이 아닌
상대가 원하는 사랑에 힘쓸 용기를 주소서.

———————

사랑은 내가 원하는 것이 아니라,
상대가 원하는 것을 상대의 언어로 해 주는 것이다.

(게리 채프먼, 『5가지 사랑의 언어』)

비난과 질책

인자하신 성모님,
어머니의 모성은 자녀의 양식입니다.
인간적인 사랑을 뛰어넘는 사랑, 하느님의 내리사랑입니다.
그 사랑이 인간의 나약한 본성에 의해 손상될 때
자녀들은 상처를 받습니다.

비난하는 아버지를 하느님 상(像)에 투사하여
하느님을 감시하고 비난하는 분으로 생각합니다.
질책하는 어머니를 성모님 상(像)에 투사하여
성모님을 엄한 분으로 여깁니다.

다른 자식보다 처지면 질책하고
남이 보는 데서 지적하며 수치심을 느끼게 합니다.
관계와 공동체성을 배우는 가정이
편안한 보금자리가 아닌 내치는 광야가 되고 맙니다.

기대에 못 미친다고, 실수가 잦다고, 엇나간다고,

주저앉았다고 비난하고 질책한다면
부모가 묶은 매듭부터 풀어야겠습니다.

매듭을 푸시는 성모님,
부모의 질책으로 산란해진 마음을 위로하시고,
인정과 칭찬, 격려로써 다독여 주소서.

_____

비판이나 비난, 불평을 하지 마라.
칭찬받을 때보다 비난받을 때 더 노력하고
훌륭한 성과를 내는 사람은 보지 못했습니다.

(데일 카네기, 『인간관계론』)

성공과 질주

저희의 행복을 위해 빌어 주시는 성모님,
당신은 어린 예수님이 골목에서 넘어졌을 때
말없이 일으켜 주셨습니다.

어린 시절, 저희 외할머니께서 이렇게 말씀하셨습니다.
"천천히 가라, 넘어질라."
"쉬엄쉬엄 해라, 병날라."

어른다운 사랑이 가정에 평화와 기쁨을 불어넣습니다.
그러나 우리에겐 이런 말이 더 익숙할지 모릅니다.
"빨리빨리 해. 남들보다 잘해야지.
열심히만 하면 성공할 수 있어."

천천히 더디게 가면 뒤처진 낙오자 같습니다.
다그치고 재촉하며 질주하게 합니다.
내 앉은 자리가 가시방석입니다.

우리는 성공을 위해 질주하는 인간이 아니라,
참 사람으로 성화되는 존재입니다.
뭔가를 성취하지 않아도 있는 그대로 소중합니다.

매듭을 푸시는 성모님,
부모의 욕심을 위해 버거운 짐을 진 자녀들이 가련합니다.
꼭 해야만 한다는 강박관념에서 벗어나
가벼워지게 하소서.

"너희 율법 교사들도 불행하여라!
너희가 힘겨운 짐을 사람들에게 지워 놓고, 너희 자신들은
그 짐에 손가락 하나 대려고 하지 않기 때문이다."

(루카 11,46)

유년기 상처

저희의 어머니이신 성모님,
예수님의 유년 시절은 아버지 요셉과 어머니 마리아의
가르침 안에서 이루어졌습니다.
그때의 기억이 예수님의 공생활에 큰 버팀목이 되었습니다.

가정에서 유년기의 기억은 저마다 다릅니다.
아버지와 어머니의 부재에서 오는 외로움,
폭력적인 가장에 대한 두려움과 분노,
부모의 불화가 남긴 불신과 불안,
사별과 이별의 상실감, 가난에 대한 열등감….

시시때때로 고개를 내밀며 관계에 영향을 끼칩니다.
몸은 어른이면서 내면엔 유년기의 아이를 품고 사는
어른아이입니다.

매듭을 푸시는 성모님,
상처 없는 사람 없고, 나쁜 기억 없는 사람 없습니다.

가정의 행복을 가로막는 유년기의 상처를 씻어 내고,
감사와 사랑의 기억을 간직하게 하소서.

"너희 가운데 어느 아버지가 아들이 생선을 청하는데,
생선 대신 뱀을 주겠느냐?
달걀을 청하는데 전갈을 주겠느냐?
너희가 악해도 자녀들에게는 좋은 것을 줄 줄 알거든,
하늘에 계신 아버지께서야 당신께 청하는 이들에게
성령을 얼마나 더 잘 주시겠느냐?"

(루카 11,11-13)

아기는 자라면서 튼튼해지고 지혜가 충만해졌으며,
하느님의 총애를 받았다.

(루카 2, 40)

자아 상실

경청의 본보기이신 성모님,
당신은 어린 나이에 가브리엘 천사의 방문을 받고
온 마음으로 전해 들었습니다.
인간의 음성이 아닌 하느님의 음성이었습니다.

그런데 저희는 하느님의 음성을 식별하기도 어렵거니와
자기 내면의 소리에도 둔감합니다.
자기가 아닌 남에 의해 살기 때문입니다.
가장 소중한 이웃인 자기를 소홀히 여긴 탓입니다.

내 삶의 열쇠를 남에게 넘겨주고,
남이 내 행복을 좌지우지하게 허용합니다.
또 남의 열쇠를 내 것인 양 착각하여 함부로 간섭합니다.

가정에서조차 나로 서는 것이 어렵습니다.
예수님께서는 남을 구원하러 오신 게 아니라
나를 구원하러 오셨습니다.

매듭을 푸시는 성모님,
밖의 이목에 매여 자기를 잃어버린 이들을 치유하시어
가정 안에 바로 서게 하소서.
또 하느님의 것과 타인의 것, 나의 것을 분별하여
각자의 주권을 되찾아 존중하게 하소서.

"황제의 것은 황제에게 돌려주고,
하느님의 것은 하느님께 돌려드려라."

(마르코 12,17)

중독

사랑이신 성모님,
당신 자녀들의 가정이 몸살을 앓고 있습니다.

삶의 무게에 짓눌린 남편은 술과 담배에,
살림에 지친 아내는 TV와 수다에,
자녀들은 인터넷 게임과 스마트폰에 매여서
자기만의 둥지를 만들어 갑니다.

신앙인이면서 가족이 함께 기도할 줄 모릅니다.
서로 바빠서 가정공동체의 성체성사는 빈 식탁이 되었습니다.
힘든 일이 생겨도 혼자 삭이며 벽을 만듭니다.
가족이 먼 이웃이 되어 버렸습니다.
마음 둘 곳 없는 자녀는 밖으로 나돌며
또 다른 중독에 빠집니다.

매듭을 푸시는 성모님!
가족의 평화를 깨뜨리고 하느님에게서 멀어지게 하는

중독의 매듭을 풀어 주소서.
채워지지 않은 것들에 매이지 말고
하느님 사랑에 의존하게 하소서.

———————

"이 물을 마시는 자는 누구나 다시 목마를 것이다.
그러나 내가 주는 물을 마시는 사람은 영원히
목마르지 않을 것이다."
"선생님, 그 물을 저에게 주십시오.
그러면 제가 목마르지 않고,
또 물을 길으러 이리 나오지 않아도 되겠습니다."

(요한 4,13-15 참조)

트라우마

아드님의 고통과 함께하신 성모님,
죽은 아들을 안고 흐느끼는 어머니의 모습을 뵐 때마다
하느님의 어머니와 육신의 어머니 마음이 함께 느껴집니다.
너무 충격적이라 잊고 싶은 기억일 것입니다.

어머니,
한때 좋지 좋았던 사건이나 기억이 충격으로 남아
오늘이 그때인 양 매여 사는 이들이 있습니다.

어릴 적 부모에게 학대와 방치를 당했거나,
전쟁을 경험했거나, 개에 물린 적이 있거나,
일찍 부모를 잃었거나, 부도가 났거나,
질병으로 치료가 힘들었거나, 집단 따돌림을 당했거나….

강한 충격을 받았지만 치료와 돌봄 없이 방치된
트라우마입니다.
그때와 비슷한 상황에 처하게 되면,

그때 기억이 자극되어 몸이 얼어붙습니다.
지금 여기에 존재하지 못합니다.
매듭을 푸시는 성모님,
트라우마로 인해 외상을 입은 이들을 살펴 주소서.
스스로 통제할 수 없는 무의식의 기억을 정화하시어
하느님의 빛으로 치유해 주소서.

강렬한 감정이 아닌 몸의 감각이야말로
트라우마를 치유하는 열쇠다.
어떠한 감정적 반응이 내면에서 부풀어 오르는지,
또 당신의 몸이 어떻게 그런 감정들을 감각과 생각의 형태로
경험하는지 알아차려 보라.
그 불안의 감정을 알아차리는 것이 중요하다.

(피터 A. 레빈, 『내 안의 트라우마 치유하기』)

자기 비하

언제나 자녀를 믿어 주신 성모님,
당신은 지상의 자녀들이 주님 안에서 정화되어
하느님과 일치하도록 도우십니다.
인간이 그만큼 귀하고 아름다운 존재임을 상기시키십니다.

그럼에도 저희는 자기의 소중함을 느끼기보다
부족하고 마음에 들지 않는 면에 몰두합니다.
다른 사람에 비해 볼품없는 외모인 것 같고,
자기가 가치 없는 사람으로 생각됩니다.

따돌림 당하거나 거절을 당하면 자기 탓으로 돌리며
자신을 미워합니다.

매듭을 푸시는 성모님,
하느님과 비슷하게 창조된 인간의 아름다움을
깨닫게 해 주시고,
스스로 믿으며 자신감을 북돋울 수 있도록 도와주소서.

우리 영혼을 금강석이나 맑디맑은 수정으로 이루어진
궁성으로 보는 것, 더없이 능하시고 지혜로우시고
모든 복이 그득하신 임금님이 낙을 가지신
그 궁의 아름다움과 거룩함을,
우리의 잘못으로 모르고 있다는 것이 크나큰 불행이요,
부끄러움입니다.

(아빌라의 성녀 예수의 데레사, 『영혼의 성』)

특별해지고 싶은 욕망

자신의 한계를 제물로 봉헌하신 성모님,
당신께서는 하느님의 부르심을 받기 전
평범한 시골 처녀였습니다.

뜻하지 않게 특별한 여인이 되었지만
삶은 여전히 평범했습니다.
하지만 현대인의 욕망은 이와 대비됩니다.
뭔가 튀지 않으면 식상한 것 같고
더 자극적인 것을 원합니다.
구태여 그럴 필요가 없는데도 작은 것보다 큰 것을,
평범한 것보다 특별한 것을 부각시킵니다.

기도생활과 봉사활동 역시 균형을 이루지 못하고
지나치게 몰두합니다.
가정에서도 마찬가지입니다.

집안의 화려한 장식, 특별한 옷과 가방,

평범하지 않은 직업, 뛰어난 능력, 주목 받는 봉사 활동.
특별하지 않으면 남보다 못한 것 같고
존재감이 없어 보입니다.

매듭을 푸시는 성모님,
주목받고 특별해지고 싶은 욕망의 뿌리를 치유하시어
평범한 일상에서 작은 사랑을 실천하며
가정 성화를 이루게 하소서.

이 가정에는 신앙심이 충만했다.
그러나 허례허식과는 거리가 먼 이 가족에게
과장됨이나 편협함은 찾아볼 수 없었다.
또한 신앙심을 행동으로 실천하여 고아와 부랑자,
가난한 노인들을 거둬 보살폈다.

(성녀 소화 데레사 자서전)

맞벌이 가정

가정생활의 모범이신 성모님,
당신께서는 하느님 안에서 성가정을 일궈 내셨습니다.

시대가 변하여,
부부가 맞벌이를 하지 않으면
자녀를 키우는 것이 어렵습니다.

아이의 양육비가 만만치 않습니다.
세상 기준에 휘둘리지 않고 키울 자신이 없습니다.
결혼했어도 자녀 출산을 기피하게 됩니다.

자녀가 있는 맞벌이 가정도 애환이 많습니다.
젖을 끊기 전에 남의 손에 커야 하고
일찍 유아원에 맡겨집니다.

아무리 잘 돌본들 부모의 손길만 못하니
아이는 상처 받고 불안해합니다.

맞벌이 부부 역시 감당해야 할 중압감이 큽니다.
매듭을 푸시는 성모님,
맞벌이 가정에서 겪는 어려움을 살피시고
그들의 필요를 채워 주소서.

우리는 날마다 잠시 시간을 내어 살아 계신
주님 앞에 모여 그분께 우리의 근심거리를 말씀드리고,
우리 가정이 필요로 하는 것을 간청하며,
동정 마리아님께서 자애로운 당신 망토 안에
우리를 품어 주시길 간청할 수 있습니다.

(프란치스코 교황 권고, 「사랑의 기쁨」 318항)

한부모 가정

어려움에 처한 가정을 자상히 살피시는 성모님,
예수, 마리아, 요셉의 성가정은
지상의 모든 아버지와 어머니, 자녀의 관계를 대변합니다.

그런데 그런 관계의 형성이 어려운 가정이 있습니다.
미혼모와 미혼부 가정입니다.
아이를 낳을까 말까, 시설에 맡길까 키울까
혼자 결정하고 감당하며 어둠의 터널을 건너왔습니다.

부모의 사랑을 듬뿍 받고 자라야 할 아기는
태어나면서부터 눈칫밥 신세가 되고 말았습니다.
부부가 함께 키워도 어려운 세상인데
생계와 양육을 동시에 책임지며 고통을 겪습니다.

세상의 편견과 남의 이목에 매여
엄마(아빠)도 아이도 위축되어 갑니다.
가족에게 외면 당한 상실감은

희망의 불씨마저 꺼뜨립니다.

매듭을 푸시는 성모님,
한부모 가정의 상처를 굽어보시어 축복해 주소서.

교회의 젊은 자녀들이 겪는 비극 앞에서
우리 교회는 눈물을 흘리지 않을 수 없습니다.
눈물을 흘릴 줄 모르는 사람은 어머니가 될 수 없기 때문입니다.
우는 법을 알게 될 때에
마음으로부터 다른 이들을 도울 수 있을 것입니다.

(프란치스코 교황 권고, 「그리스도는 살아 계십니다」 75-76항)

일상의 소소한 매듭 풀기

개정판 1쇄 발행 2021년 4월 10일
개정판 3쇄 발행 2021년 6월 15일

지은이 박지현
그린이 오수연
펴낸이 양동현
펴낸곳 나들목
　　　　출판등록 제6-483호
　　　　주소 02832, 서울 성북구 동소문로13가길 27
　　　　전화 02) 927-2345 팩스 02) 927-3199

ISBN 978-89-90517-38-8 / 03230

www.iacademybook.com